Alexander Dietz

Plötzlich bei der Kirche

Dialog über Glaubensfragen für Mitarbeitende der Diakonie

EVANGELISCHE VERLAGSANSTALT
Leipzig

Bibliographische Information der Deutschen Nationalbibliothek:
Die Deutsche Nationalbibliothek verzeichnet diese Publikation in der Deutschen Nationalbibliographie; detaillierte bibliographische Daten sind im Internet über http://dnb.dnb.de abrufbar.

Printed in Germany

Das Buch wurde auf alterungsbeständigem Papier gedruckt.

Cover: makena plangrafik, Leipzig
Coverbild: © istockphoto/Deagreez
Layout und Satz: Steffi Glauche, Leipzig
Druck und Binden: CPI books GmbH

ISBN 978-3-374-07003-9 // eISBN (PDF) 978-3-374-07004-6
www.eva-leipzig.de

Vorwort

Vor über sechzehn Jahren habe ich angefangen, im Bereich der Diakonie zu arbeiten. Meine Kollegen und Kolleginnen waren oft Sozialarbeitende, von denen ich als Theologe viel lernen konnte. Später habe ich dann theologische Seminare für Mitarbeitende der Diakonie anbieten dürfen. Dabei stellte sich heraus, dass diese Kolleginnen und Kollegen meistens sehr reflektierte eigene theologische Positionen vertreten. Aber auch, dass es oft negative Erfahrungen mit Kirche und theologische Missverständnisse aufzuarbeiten gibt. Seit über fünf Jahren bilde ich nun zukünftige Diakone und Diakoninnen an der Hochschule im Doppelbachelor-Studium Religionspädagogik und Soziale Arbeit aus. Die theologischen Diskussionen mit den Studierenden in den Lehrveranstaltungen sind immer wieder anregend. Sie zeigen aber auch, dass es angesichts des kirchlichen Traditionsabbruchs kaum noch sinnvoll ist, einfach an den traditionellen theologischen Formulierungen festzuhalten.

Ich erlebe immer wieder ein ernsthaftes Interesse an theologischen Inhalten bei Mitarbeitenden der Diakonie. Aber gleichzeitig auch die Erwartung, dass Theologen und Theologinnen sich auf ein Gespräch auf Augenhöhe einlassen und dazu bereit sind, von den Erfahrungen aus der diakonischen Lebenswelt zu lernen. Ich bin davon überzeugt, dass Theologen und Theologinnen von den Mitarbeitenden der Diakonie mindestens so viel lernen können und sollten wie umgekehrt. Merkwürdigerweise scheint es bisher so etwas wie eine Dogmatik (also ein Buch, das sich systematisch mit Glaubensfragen beschäftigt) speziell für die Zielgruppe der halben Million Mitarbeitenden der Diakonie nicht zu geben. Möglicherweise deswegen, weil die meisten systematischen Theologen und Theologinnen ungern die wissenschaftliche Wohlfühlzone verlassen möchten. Der Vorwurf der Oberflächlichkeit von wissenschaftlicher Seite lässt sich wohl nicht vermeiden, wenn man verständlich für Nicht-Wissenschaftler und Nicht-Wissenschaftlerinnen schreiben möchte. Diese Lücke möchte ich mit diesem Büchlein füllen. Wer die hier angeschnittenen theologischen Themen vertiefen und sich auf die Lektüre einer wissenschaftlichen Dogmatik einlassen möchte, dem sei die Dogmatik von Wilfried Härle empfohlen. Im Blick auf eine gute Lesbarkeit habe ich mich für die Form eines Dialogs entschieden. Und als Vorbereitung auf diesen fiktiven Dialog habe ich echte Dialoge, lange theologische Gespräche, mit Mitarbeitenden der Diakonie geführt. Für die Bereitschaft, sich auf diese Gespräche einzulassen, danke ich ganz herzlich (in alphabetischer Reihenfolge) Jochen Dürr, Annette Euler, Sebastian Göbel, Doris Landvoigt, Ulrich Schepko und Esther Scholz-Zerres. Ich habe in die Aussagen der fiktiven diakonischen Gesprächspartnerin Gedanken und Positionen aller dieser Gesprächspartner und Gesprächspartnerinnen eingearbeitet, aber natürlich auch eigene Gedanken. Außerdem danke ich Stefanie Limberg und PD Dr. Frank Martin Brunn für hilfreiche Hinweise.

Hannover, im Februar 2021

Inhalt

1. Mit christlicher Ethik kann ich etwas anfangen, mit Glaubenssätzen nicht.

Vielen Dank dafür, dass du dir für dieses Gespräch Zeit nimmst. Ich bin sehr gespannt auf die Anregungen, die ich dadurch für das Buch bekomme, das ich schreiben möchte: ein Buch über den christlichen Glauben für Mitarbeitende bei der Diakonie. Ich unterrichte als Theologe an der Hochschule junge Menschen, die Diakoninnen und Diakone werden möchten. Davor habe ich längere Zeit bei der Diakonie gearbeitet: in der praktischen Arbeit vor Ort und in der sozialpolitischen Arbeit auf der Verbandsebene. Wie bist du zur Diakonie gekommen?

Ich habe nach meinem Sozialpädagogik-Studium für eine längere Zeit in einer Senioreneinrichtung bei einem anderen Träger gearbeitet. Seit fünf Jahren bin ich nun die Leiterin eines Mehrgenerationenhauses, das an das Diakonische Werk eines Kirchenkreises angebunden ist. Ich habe mich auf diese Stelle beworben, weil die Ausschreibung interessant klang. Ich wollte kreativ und sozialraumorientiert arbeiten. Außerdem wollte ich mich beruflich weiterentwickeln. Die Trägerschaft durch die Diakonie spielte für mich keine Rolle. Insofern war es ein Zufall, dass ich zur Diakonie gekommen bin. Ich wusste bis dahin nicht einmal, ob die Diakonie zur katholischen oder zur evangelischen Kirche gehört. Seit meiner Konfirmation bin ich in keinem Gottesdienst mehr ge-

wesen. Ich brauche das nicht. Ich bin grundsätzlich skeptisch gegenüber Institutionen.

Hast du schlechte Erfahrungen mit der Kirche gemacht?

Eigentlich nicht. Die Kirche und ich - wir haben uns eher auseinandergelebt. Ich kann gar nicht wirklich erklären, warum ich nie ausgetreten bin. Meine Familie und meine Freunde haben mich oft dazu gedrängt. Ich kenne kaum noch jemanden, der Mitglied in der Kirche ist. Wahrscheinlich bin ich nicht ausgetreten, weil ich es immer gut gefunden habe, dass sich Kirche um Menschen kümmert, um die sich sonst niemand kümmert. Andererseits weiß ich heute, dass sich die Kirche oft gar nicht so sehr für die Diakonie interessiert, zumindest hier im Stadtteil. Und ich habe es auch aufgegeben, bei unserer Kirche nach Zuschüssen für diakonische Arbeit zu fragen.

Wenn du innerlich der Kirche distanziert gegenüberstehst, ist es dann kein Problem für dich, bei der Kirche beschäftigt zu sein? Nach außen hin auch gewissermaßen die Kirche zu repräsentieren?

Ich weiß, dass die Diakonie irgendwie zur Kirche gehört. Aber das spielt für mein fachliches Selbstverständnis eigentlich keine Rolle. Ich mache hier professionelle Soziale Arbeit. Und ich sehe auch keinen Widerspruch in meiner Haltung zu den Werten, für die die Kirche steht oder stehen sollte. Was das Christentum eigentlich ausmacht, ist doch die Ethik: Mitmenschlichkeit, Nächstenliebe, Menschenwürde, bedin-

gungslose Zuwendung zu jedem Menschen. Diese Werte lebe ich. Darum habe ich das Gefühl, etwas Sinnvolles zu tun. Insofern kann ich mich als christlich bezeichnen. Mit christlicher Ethik kann ich etwas anfangen, mit Glaubenssätzen nicht. Darüber habe ich mir auch schon seit langem keine Gedanken mehr gemacht.

Umso mehr freue ich mich, dass du dich auf dieses Gespräch mit mir einlässt. In der Diakonie hat man nicht nur erkannt, dass christliche Theologie für das Management diakonischer Einrichtungen relevant ist. Weil man über die Werte und Sinnvorstellungen nachdenken sollte, die der Gestaltung von Organisationen immer schon zugrunde liegen. Und weil man begründen will, worin die eigene evangelische Identität liegt. Sondern man hat auch erkannt, dass es eine Verantwortung gegenüber den vielen Mitarbeitenden gibt, die mit Kirche und Glauben bisher kaum etwas zu tun hatten. Es braucht Angebote zum Nachdenken, was es heißt, plötzlich bei der Kirche zu arbeiten.

Aber ein paar Dinge will ich von Anfang an klarstellen: Ich brauche niemanden, der auf einer Kanzel steht, und auch keinen theologischen Vorstand in einer diakonischen Einrichtung, der mir sagt, was ich glauben soll. Ich lasse mir nicht vorschreiben, was ich zu denken habe. Ich lasse mich nicht missionieren. Und ich empfinde es als problematisch, dass man in der Kirche nichts infrage stellen darf. Glaubenssätze wurden in der Geschichte immer wieder zur Manipulation und zur Unterdrückung von Menschen missbraucht. Darum ist es mir wichtig zu betonen, dass jeder einzelne Mensch seinen eigenen Weg finden darf und finden muss.

Ich höre aus deinen Formulierungen heraus, dass du in deinem Leben öfter Personen aus der Kirche begegnet bist, die bei dir einen unangenehmen Eindruck hinterlassen haben: besserwisserisch, vereinnahmend, von oben herab, bevormundend. So stelle ich mir unser Gespräch - ganz ehrlich - nicht vor. Ich kenne als evangelischer Theologe berufsbedingt eine bestimmte Tradition, über religiöse Themen nachzudenken, relativ genau. Ich bin davon überzeugt, dass in dieser Tradition viel Wahres und Gutes steckt und dass es sich lohnt, sich damit zu beschäftigen. In diesem Sinne verstehe ich die Gedanken, die ich in unser Gespräch einbringe, als Angebote zur kritischen Auseinandersetzung und zum eigenen Weiterdenken. Nach evangelischem Verständnis ist Glaube ein Geschenk Gottes. Darum würde es keinen Sinn machen, ihn vorschreiben zu wollen. Nach evangelischem Verständnis sind alle Menschen, auch Bischöfe und Bischöfinnen, begrenzt und fehlbar. Darum kann niemand behaupten, im Besitz der vollständigen Wahrheit zu sein. Das evangelische Verständnis betont das individuelle Gewissen und die persönliche Verantwortung. Darum darf man nicht nur alles infrage stellen, sondern soll es sogar. Der Dialog ist also vielleicht eine besonders angemessene Form für theologische Bücher.

Dialog auf Augenhöhe würde aber bedeuten, dass auch ich Gedanken einbringen kann. Zum Beispiel aus der diakonischen Arbeit. Ich habe nämlich den Verdacht, dass viele Per-

sonen in der Kirche und an theologischen Fakultäten unsere Arbeit ignorieren. Dabei leben wir doch die christlichen Werte praktisch. Ist das nicht mehr wert, als darüber zu predigen oder zu schreiben? Und ist es nicht wichtiger, Menschen zu helfen, als dass man die Liturgie und die Gesangbuchlieder im Gottesdienst auswendig kennt? Oder als dass man Kirchenmitglied ist oder Tischgebete spricht oder gerne in der Bibel liest?

Ich bitte dich sogar dringend darum, deine Gedanken einzubringen. Und du hast sicher Recht damit, dass die Perspektive der praktischen diakonischen Arbeit in der Theologie viel mehr vorkommen müsste. Ich würde sogar sagen, dass es sich ganz besonders in der praktischen diakonischen Arbeit zeigt, ob bestimmte theologische Gedanken wirklich relevant sind oder nur abgehobene Spielerei. Deine letzten Fragen erinnern mich übrigens an eine Überlegung des Theologen Dietrich Bonhoeffer. Er war der Überzeugung, dass man nicht erst im traditionellen Sinne religiös werden muss, um sich dem christlichen Glauben zu öffnen. Man muss nicht erst bestimmte religiöse Ausdrucksformen übernehmen und die Sprache der Frommen oder der Bibel lernen, um so zu leben, wie Jesus es vorgemacht hat. Bonhoeffers eigenes Leben, sein politischer Widerstand gegen den Nationalsozialismus bis zu seiner Ermordung im Konzentrationslager, seine Übernahme von Verantwortung mitten in der Welt, sind ein Beispiel für eine weniger religiöse, als vielmehr praktische Interpretation der christlichen Botschaft.

Ist dann Soziale Arbeit in der Diakonie nicht auch ein Beispiel für eine praktische Interpretation der christlichen Botschaft? Im Informationsflyer zu den Besinnungstagen, die unser Kirchenkreis angeboten hat, stand: Pilgern ist Gebet mit den Füßen. Ist dann Windeln wechseln in der Altenpflege nicht Gebet mit den Händen? Oder Schuldnerberatung in der Beratungsstelle nicht Gebet mit dem Taschenrechner? Damit wären wir wieder bei der Ethik. Das gute Handeln ist wichtig, nicht irgendwelche Glaubenssätze. Wahrscheinlich sieht das die Mehrheit der Mitarbeitenden bei der Diakonie, aber auch die Mehrheit aller Kirchenmitglieder, so wie ich. Das eint Fromme und weniger Fromme, christliche und muslimische Menschen, evangelische und katholische Personen. Ist das nicht wunderbar?

Gut, lass uns über Ethik sprechen. Manche werfen der Evangelischen Kirche vor, dass sie zu viel über Ethik spricht oder sogar, dass sie nur noch über Ethik spricht. Wenn sie permanent öffentlich sagt, wie die Menschen leben sollten und welche Entscheidungen die Politik treffen sollte, dann fördert das mindestens drei Missverständnisse. Erstens wird der Eindruck vermittelt, dass die Kirche die richtigen Antworten auf alle schwierigen ethischen Fragen hat. Dabei haben Christen und Christinnen gar kein unfehlbares ethisches Geheimwissen und sind sich normalerweise auch überhaupt nicht in allen Fragen einig. Zweitens wird der Eindruck erweckt, dass die christliche Botschaft ausschließlich aus ethischen Appellen besteht. Dabei ist der Kern der christlichen Botschaft doch ein religiöser, nämlich, dass Gott alle Menschen bedingungslos liebt. Und drittens besteht die Gefahr, dass genau dieser Kern der christlichen Botschaft durch ständige ethische Appelle entstellt wird. Denn es wird der Eindruck erweckt, als ob Gottes Liebe eben doch nicht bedingungslos sei, sondern von unserem ethischen Handeln abhängt.

Sind das nicht theologische Haarspaltereien? Du machst dir darüber Sorgen, dass die Menschen zu viel über ihr ethisches Handeln nachdenken, weil sie dabei vergessen könnten, dass Gott sie bedingungslos liebt? Ich mache mir viel eher darüber Sorgen, dass die Menschen zu wenig über ihr ethisches Handeln nachdenken, weil ihnen irgendjemand gesagt hat, dass das nicht so wichtig ist und dass Gott sie liebt, egal was sie tun.

Du hast Recht. Diese Botschaft wäre fatal. Aber das zeigt für mich, dass es gerade nicht nur um theologische Haarspaltereien geht. Sondern dass es sich lohnt, hier genau hinzuschauen und alle Missverständnisse zu beseitigen. Die christliche Botschaft, dass Gott die Menschen bedingungslos liebt, darf – gerade auch aus diakonischer Perspektive – nicht relativiert werden. Niemand muss sich Gottes Liebe erst durch sein Handeln verdienen, so wie sich niemand seine Menschenwürde oder sein Recht auf Hilfe in der Not erst durch einen Ethik-Test verdienen muss. Dass unsere Handlungen nichts an Gottes Liebe zu uns ändern können, bedeutet nicht, dass sie für unser Leben gleichgültig wären. Es macht natürlich für unser Leben und für das Leben unserer Mitmenschen einen großen Unterschied, an welchen ethischen Haltungen, Regeln und Zielen wir uns orientieren.

Beispielsweise macht jemand, der großzügig ist, andere Erfahrungen als jemand, der geizig ist. Dass unsere Handlungen nichts an Gottes Liebe zu uns ändern können, bedeutet auch nicht, dass alle Handlungen aus der Sicht christlicher Ethik gleich gut oder gleich schlecht wären. Gott liebt zwar alle Menschen, aber nicht alles, was sie tun. Beispielsweise zeigt die Geschichte vom barmherzigen Samariter, wie man sich besser oder schlechter verhalten kann.

Ja, diese Geschichte habe ich sehr oft gehört, seit ich bei der Diakonie arbeite.

Dass unsere Handlungen nichts an Gottes Liebe zu uns ändern können, bedeutet schließlich auch nicht, dass Christen und Christinnen sich über Gottes Liebe freuen sollen, ohne dass das Konsequenzen für ihr Handeln haben müsste. Stattdessen geht evangelische Theologie davon aus, dass echte Christen gar nicht anders können, als die erfahrene Liebe weiterzugeben.

Können deiner Meinung nach etwa nur Christen und Christinnen ethisch gut leben, weil sie Gottes Liebe erfahren haben? Wie erklärst du das den vielen Mitarbeitenden der Diakonie, die keine Christen sind? Sind beispielsweise Humanisten und Humanistinnen schlechtere Menschen?

Nein, das wäre schon wieder ein Missverständnis. Alle Menschen können sich ethisch gut verhalten. Beispielsweise freundlich gegenüber Klienten und Klientinnen in der diakonischen Beratungsarbeit sein. Aber zu lieben oder aus

Liebe zu handeln, das ist etwas, wofür man sich nicht entscheiden kann, weil niemand Einfluss auf sein eigenes tiefstes Inneres hat, wo die Gefühle sitzen. Wenn wir lieben oder aus Liebe handeln, dann ist das nach evangelischem Verständnis immer ein Geschenk Gottes. Ob wir das wissen oder nicht. Ob wir Christen sind oder nicht. Ob sich darin Gottes Liebe zu seinen Geschöpfen, zu denen alle Menschen gehören, widerspiegelt oder ob sich darin die Dankbarkeit von Menschen für Gottes bedingungslose Liebe zeigt.

Es spricht ja nichts dagegen, dass du das als Theologe so deutest. Solange du niemanden nötigst, deine Deutung zu übernehmen, und solange du keinen Menschen oder sein gutes Handeln herabwürdigst. Mir persönlich ist diese Deutung allerdings eher gleichgültig. Ich weiß ja nicht einmal, ob es Gott gibt oder nicht. Aber ich weiß, dass ich den ersten Satz unseres Leitbildes gut finde: Wir leben Nächstenliebe. Das Leitbild wurde im Diakonischen Werk unseres Kirchenkreises unter Beteiligung vieler Mitarbeitender entwickelt. Das ist doch wohl der Kern christlicher Ethik?

Dem würden wohl die meisten Theologinnen und Theologen zustimmen. Als Jesus gefragt wurde, was das wichtigste Gebot wäre, antwortete er: Du sollst Gott lieben und deinen Nächsten wie dich selbst. Dieses dreifache Liebesgebot klingt auf den ersten Blick einfach. Beim näheren Hinsehen wird es aber schwierig. Erstens ist es kein normales Gebot, wie: Du sollst nicht stehlen. Denn man kann sich entscheiden, ab morgen nicht mehr zu stehlen. Aber man kann sich nicht entscheiden, ab morgen zu lieben, Vertrauen zu Gott oder Mitleid gegenüber einem Hilfebedürftigen zu empfinden. Und wenn man aus Gehorsam gegenüber dem Liebesgebot auf eine bestimmte Weise handelt, dann handelt man aus Gehorsam und eben nicht aus Liebe. Das Gebot befiehlt also etwas, was man eigentlich gar nicht befehlen kann. Zweitens ist das Gebot ziemlich unkonkret. Es sagt nicht genau, wie man sich in einer bestimmten Situation verhalten soll. Es schlägt lediglich eine Grundhaltung vor, an der man sich in jeder Situation neu orientieren kann. Und was genau bedeutet Gottesliebe? Nach der Bibel ist Gott die Liebe. Also Liebe zur Liebe? Und was genau bedeutet Nächstenliebe? Klar ist, dass keine romantische Liebe gemeint ist, denn dafür gibt es im Altgriechischen ein anderes Wort. Für den Reformator Martin Luther bedeutet Nächstenliebe, dass man nach dem Nutzen des Nächsten fragt.

Das tun wir in den sozialen Berufen den ganzen Tag. Das ist genau unsere Profession. Wir fragen Menschen, wie wir sie unterstützen können. Wir fragen Menschen, wie wir sie befähigen können. Wir leben also wirklich Nächstenliebe. Bei uns im Mehrgenerationenhaus haben wir beispielsweise ausschließlich Angebote, die von den Nutzenden selbst vorgeschlagen und mitgestaltet werden. Als einige Jugendliche uns erzählten, dass sie keinen Ort zum Fußballspielen haben, haben wir sie dabei unterstützt, ihre Forderung nach einem Bolzplatz bei der Stadtverwaltung vorzubringen. Die Stadt hat dann das notwendige Geld bereitgestellt und die Jugendlichen haben selbst mit angepackt. Aber man muss ehrlicherweise dazu sagen, dass es auch Zeiten in der Geschichte der Sozialen Arbeit gab, in denen Nächstenliebe an-

ders verstanden wurde. In denen die Adressaten und Adressatinnen bevormundet und kontrolliert wurden. In denen man sie nicht nach ihren Bedarfen gefragt hat, sondern glaubte besser zu wissen, was sie brauchen. Auch in der Diakonie. Ein Träger bei uns in der Gegend hatte viel mit der Aufarbeitung der Heimerziehung in den Nachkriegsjahrzehnten zu tun. Deswegen betonen wir heute den Respekt vor der Selbstbestimmung der Klienten so sehr, genauso wie den reflektierten Umgang mit Macht und Abhängigkeit. Und natürlich die Stärkung der Selbstkompetenz und der Teilhabemöglichkeiten.

Ja, manchmal können Menschen in helfenden Berufen auch hinter der Fassade des hingebungsvollen Helfers ihre eigenen Probleme verstecken. Oder sie können die Menschen, denen sie helfen, zur Steigerung ihres eigenen Wohlbefindens und zur Selbstinszenierung instrumentalisieren. Oder sie können mit dem Deckmantel angeblicher Liebe und Hilfsbereitschaft eine heimliche Herablassung und Verachtung tarnen.

Ich kann meine Arbeit nur dann gut machen, wenn ich mit mir selbst im Reinen bin. Wenn ich auch auf mich selbst achte. Und in meiner beruflichen Tätigkeit sind mir immer wieder Menschen begegnet, die sich selbst nicht lieben. Viele Klienten und Klientinnen, aber auch Kollegen. Das kann man natürlich niemandem vorwerfen. Oft sind es Erfahrungen aus der Kindheit, die diese Menschen ein Leben lang mit sich herumschleppen. Manche reden sich auch ein, dass Selbstliebe aus ethischer Sicht etwas Schlechtes sei, weil sie

Selbstliebe mit Selbstsucht oder Egoismus gleichsetzen. Hier sieht man, wie wichtig es ist, dass auch die Selbstliebe in der christlichen Ethik dazugehört.

Zumindest aus der Perspektive des biblischen dreifachen Liebesgebots kann eine Ablehnung der Selbstliebe ja wohl nur als tragisches Missverständnis bewertet werden. Auch frühere Leitbilder aus dem diakonischen Bereich sind hier nicht ganz unschuldig. Oft wurde Diakonie als selbstlos hingebendes Dienen definiert, obwohl die Bibel mit diesem Begriff ursprünglich etwas ganz anderes meint, nämlich schlicht irgendeine Tätigkeit im Auftrag Gottes.

Das zeigt doch, dass nicht nur Glaubenssätze, sondern sogar auch die Ethik von der Kirche dazu benutzt wurden, um Menschen klein zu machen, zu manipulieren und zu beherrschen. Verstehst du jetzt, warum ich so skeptisch gegenüber der Institution Kirche bin? Wenn ich dann noch an historische Phänomene wie die Kreuzzüge und die Hexenverfolgungen denke, dann frage ich mich, ob die Kirche eigentlich der richtige Ort ist, um Nächstenliebe zu erleben.

Ja, es gibt Schandflecken in der Kirchengeschichte, die verständlicherweise bis heute die Glaubwürdigkeit der christlichen Botschaft in den Augen vieler Menschen beschädigen. Im Blick auf die phrasenhaften historischen Vorwürfe sollte natürlich nicht ignoriert werden, dass sich die Kirche in den letzten Jahrhunderten weiterentwickelt hat. Trotzdem besteht die Kirche damals wie heute aus Menschen. Und das heißt aus unvollkommenen, fehlbaren, schwachen und immer wieder scheiternden Menschen. Denn andere Menschen gibt es nicht.

Wenn das so ist, dann sollten die Vertreterinnen und Vertreter der Kirche und der christlichen Ethik etwas bescheidener auftreten. Sie sollten nicht so tun, als wüssten sie alles besser. Als müsste sich jeder ihrer Meinung unterordnen. Als wären sie bessere Menschen, die das Recht hätten, alle anderen moralisch zu verurteilen.

Wenn evangelische Pfarrpersonen oder Ethiker manchmal einen solchen Eindruck vermitteln, dann stehen sie damit im Widerspruch zu ihrer eigenen theologischen Tradition. Evangelische Ethik versteht sich nicht als eine Wissenschaft, die die richtigen Antworten auf alle ethischen Fragen geben kann. Sondern als eine Wissenschaft, die Menschen dabei begleiten möchte, über ethische Fragen differenziert in christlicher Perspektive nachzudenken, um eine eigene Position zu finden. Evangelische Ethik ermutigt zur kritischen Hinterfragung der eigenen Sichtweise und zur Achtung des Gewissens Andersdenkender. Sie hält die Tatsache aus, dass es auf komplexe ethische Probleme keine einfachen Antworten gibt. Evangelische Ethik fordert nicht autoritär die Einhaltung irgendwelcher Gesetze. Stattdessen lädt sie Menschen dazu ein, sich an bestimmten Vorstellungen vom guten Leben zu orientieren, die niemals ganz oder gar nicht realisiert werden. Sondern immer nur mehr oder weniger gemäß der individuellen Situation.

Das klingt realistisch. In der Diakonie brauchen wir eine realistische Ethik. Täglich müssen wir mit Situationen umgehen, in denen wir uns ethisch betrachtet die Hände schmutzig machen. In allen Handlungsfeldern, egal ob Pflege, Behindertenhilfe oder Jugendhilfe. Ständig müssen wir bei Entscheidungen zwischen ökonomischen Zwängen und fachlichen Ansprüchen Kompromisse machen. Immer wieder gibt es Rahmenbedingungen, zum Beispiel Betreuungsschlüssel, unter denen die Mitarbeitenden ihre Arbeit gar nicht zufriedenstellend erledigen können. Auch wenn sie noch so engagiert sind. Und als Leitungskräfte müssen wir ständig hin und her balancieren, um irgendwelche kreativen Lösungen zu finden, die wir gerade noch verantworten können. Ich habe mir schon oft gedacht, dass ich doch gerade deswegen Soziale Arbeit studiert habe, damit ich mir im Berufsalltag nicht ethisch betrachtet die Hände schmutzig machen muss. Aber da habe ich mich offensichtlich geirrt.

Hast du ein Beispiel?

Erst in der letzten Woche habe ich mit einer Kollegin telefoniert, die eine diakonische Altenpflegeeinrichtung leitet. Sie ist verzweifelt. Sie hat rationalisiert, aber schreibt trotzdem keine schwarzen Zahlen, weil es ein strukturelles Finanzierungsdefizit gibt. Sie könnte nun entweder versuchen, zusätzliche rein kommerzielle, gewinnorientierte Angebote speziell für Wohlhabende zu machen. Um aus diesen Einnahmen den restlichen Betrieb querzusubventionieren. Dann stünde jedoch wahrscheinlich in der Zeitung, dass die Diakonie nicht mehr gemeinnützig und nur noch für Reiche da sei. Sie könnte auch aus dem Tarifvertrag aussteigen und die Mitarbeitenden schlechter bezahlen. Dann stünde jedoch wahrscheinlich in der Zeitung, dass die Diakonie für prekäre Beschäftigung verantwortlich sei. Sie könnte auch die Trägerschaft der Einrichtung aufgeben. Dann würde sie jedoch von privaten Anbietern übernommen, die die Mitarbeiter schlecht – ohne Tarifvertrag – bezahlen oder entlassen und die Qualität für die Betreuung der Bewohner senken, weil die Investoren Profit haben möchten. Sie könnte auch in der Öffentlichkeit das Finanzierungsdefizit skandalisieren. Dann stünde jedoch wahrscheinlich in der Zeitung, dass die Diakonie schlecht wirtschaftet. Und die Konkurrenz würde das ausnutzen, um zu betonen, dass sie viel besser zurechtkommt und gerne bereit wäre, die Einrichtung zu übernehmen.

Eine klassische ethische Dilemmasituation: Egal, was man tut, man kommt nicht mit sauberen Händen aus der Situation heraus. Evangelische Ethik geht davon aus, dass das nicht nur ein Ausnahmefall ist, sondern eine typische Situation für unvollkommene Menschen in einer unvollkommenen Welt. Alles, was wir tun, ist ethisch zweischneidig. Unsere Handlungen haben unbeabsichtigte Nebenwirkungen. Wir leben in ungerechten und lebenszerstörenden Strukturen, tragen zu ihnen bei – ob wir wollen oder nicht – und kommen nicht aus ihnen heraus. Wenn wir beispielsweise Kleidung kaufen, fördern wir vielleicht Kinderarbeit. Und wenn wir sie nicht kaufen, fördern wir vielleicht Armut. Auch wenn wir kein Fleisch essen, können wir nur auf Kosten anderen Lebens selbst leben. Auch wenn wir statt mit einem Benziner oder Diesel mit einem Elektro-Auto fahren, stoßen wir CO_2 aus. Evangelische Ethik weiß das. Darum ist hier kein Platz für Moralismus.

Aber das kann einen nicht nur deprimieren, sondern auch lähmen. Wir überlegen beispielsweise schon seit drei Jahren, ob wir an unser Mehrgenerationenhaus eine Tafel-Ausgabestelle angliedern sollen oder nicht. Tafeln sammeln überschüssige Lebensmittel ein und verteilen sie an bedürftige Menschen. Die eine Hälfte meiner Kolleginnen und Kollegen sagt: Wir sollten unbedingt eine Tafel-Ausgabestelle aufbauen. Damit verhindern wir die Vernichtung von Lebensmitteln, wir helfen konkret Menschen in Armutslagen und wir machen öffentlich auf das Armutsproblem aufmerksam. Die andere Hälfte ist dagegen.

Warum?

Diese Kolleginnen und Kollegen sagen: Mit einer Tafel-Ausgabestelle leisten wir einen Beitrag zur indirekten Rechtfertigung der Wegwerfgesellschaft, wir erhöhen die Abhängigkeit von Menschen in Armutslagen und wir befördern die Normalisierung von Armut im gesellschaftlichen Bewusstsein. Was sollen wir also jetzt tun? Wir bekommen die positiven Effekte nicht ohne die negativen. Und wir können die negativen Effekte nur vermeiden, indem wir auf die positiven verzichten. Das ist ja kein spezielles Problem der Tafelarbeit. Das gilt für alle Felder der Sozialen Arbeit. Wahrscheinlich sogar für alles, was wir tun. Und was folgt daraus? Im Fall der Tafel-Frage machen wir seit drei Jahren gar nichts. Dabei haben wir ja eine Verantwortung.

Zum Thema Verantwortung in ethischen Dilemmasituationen hat wieder der Theologe Dietrich Bonhoeffer anregende Gedanken gehabt. Er war davon überzeugt, dass man als Christ gewaltlos leben soll. Gleichzeitig war er davon überzeugt, dass gewaltsamer Widerstand gegen den Nationalsozialismus ethisch geboten sei. Er fühlte also: Ich mache mich schuldig, egal, ob ich Widerstand leiste oder nicht. Dieses Wissen kann einen Menschen deprimieren und auch lähmen, wie du gesagt hast. Aber Bonhoeffer wollte verantwortlich leben. Darum musste er eine Entscheidung treffen. Wir wissen, wofür er sich entschieden hat. Er schreibt, dass zu einem verantwortlichen Leben die Bereitschaft gehört, Schuld auf sich zu nehmen. Oder - wie wir vorhin gesagt haben - sich die Hände schmutzig zu machen. Wer unbedingt ohne Schuld bleiben will, kann keine Verantwortung übernehmen, ist handlungsunfähig oder wird zum Heuchler. Wir müssen uns trauen, in ethischen Dilemmasituationen das Notwendige zu tun. Woher bekommt ein Mensch die innere Freiheit und die Kraft dazu? Bonhoeffer bekam sie durch seinen Glauben. Weil er wusste, dass Gott ihn bedingungslos liebt und ihm seine Schuld vergibt.

Wer diesen Glauben nicht hat, muss für sich eine andere Quelle finden, die ihm die innere Freiheit und die Kraft gibt, auch in ethischen Dilemmasituationen Verantwortung zu übernehmen. Leicht ist es jedenfalls nicht. Problematisch finde ich allerdings, dass es in der evangelischen Ethik anscheinend immer um die Verantwortung des Einzelnen geht. Das kann zur Überforderung des Einzelnen führen. Und es kann den notwendigen kritischen Blick auf die Strukturen verhindern. Wenn beispielsweise eine Altenpflegerin nur wenige Minuten Zeit pro Tag für einen Bewohner zur Verfügung hat. Dann ist es unfair, wenn ihre Vorgesetzte ihr die Anweisung gibt, sie solle sich Mühe geben, dass die Pflege trotzdem würdevoll erfolgt und darin am besten noch ein diakonisches Profil sichtbar wird. Damit wird die Lösung eines strukturellen Problems auf die individuelle Ebene verschoben. Aber dort kann das Problem gar nicht gelöst werden. Das überfordert die Altenpflegerin. Auch falls ihr Glaube ihr die Kraft geben sollte, das Beste aus der Situation zu machen. Eigentlich müsste man doch über die problematischen Rahmenbedingungen sprechen. Und wer davon profitiert. Und wie man die Politik dazu bringen könnte, die Rahmenbedingungen zu verändern. Jedenfalls haben sich die Dozenten und Dozentinnen meines Studienganges damals alle Mühe gegeben, uns Studierenden diese kritische Perspektive nahezubringen. In deinem Theologiestudium nicht auch?

Du hast Recht. Diese Perspektive ist ausgesprochen wichtig. Und im Vergleich zu sozialwissenschaftlichen Studiengängen wird sie im Theologiestudium wohl häufig etwas unterschätzt. Evangelische Ethik beschäftigt sich natürlich nicht nur mit individueller Verantwortung, sondern auch mit gesellschaftlichen Strukturen, insbesondere guter Gesetzgebung. Aber evangelische Ethik steht tatsächlich traditionell in der Gefahr, diese Perspektive zu vernachlässigen. Das hängt wahrscheinlich auch damit zusammen, dass ein bestimmter ethischer Grundgedanke des Reformators Martin Luther oft falsch verstanden wurde. Luther lehrte, dass Gott die Welt regiert, weil er das Beste für die Welt möchte. Und für dieses Regierungsgeschäft hat sich Gott zwei Strategien ausgedacht, die er gleichzeitig verfolgt, aber die nicht vermischt werden dürfen. Gottes erste Strategie besteht darin, dass er die Kirche in seinem Auftrag den Menschen von seiner bedingungslosen Liebe erzählen lässt. Dadurch führt Gott Menschen zur Erlösung. Gottes zweite Strategie besteht darin, dass er die Machthaber in seinem Auftrag das Recht gewaltsam durchsetzen lässt. Dadurch ermöglicht Gott den Menschen ein friedliches Zusammenleben in der Welt. Oft wurde diese Lehre so verstanden, als wäre es am besten, wenn sich die Kirche und die evangelischen Ethiker überhaupt nicht für politische Fragen interessieren, weil diese nichts mit Gott zu tun hätten. Aber das hat Luther nicht gemeint.

Was hat er denn gemeint?

Er wollte durch diese Lehre deutlich machen, dass Gottes guter Plan für die Welt und die Menschen hinter allen Bereichen steht. Aber auch, dass man die Aufgaben und die richtigen Mittel von Kirche einerseits und Politik andererseits unterscheiden muss. Der kirchlichen Predigt geht es um Erlösung. Dem Staat und auch beispielsweise dem Sozialsystem geht es nur um die Ermöglichung eines funktionierenden Lebens. Die Kirche soll auf jede Gewaltanwendung verzichten. Der Staat und Menschen, die Verantwortung für andere übernommen haben, müssen dazu bereit sein, notfalls auch Gewalt anzuwenden. Gewalt kann dann sogar eine Ausdrucksform von Nächstenliebe sein.

Den Gedanken, dass die Suche nach Erlösung den Religionen überlassen bleiben sollte und in der Politik nichts verloren hat, finde ich plausibel. Politische Systeme, die den Menschen in der Vergangenheit Erlösung versprochen haben oder das Himmelreich auf Erden herstellen wollten, waren immer totalitär und haben schreckliches Leid über die Menschen gebracht. Auch für Sozialarbeiterinnen und Sozialarbeiter kann es eine wichtige und befreiende Botschaft sein, dass sie nicht für die Erlösung ihrer Klienten verantwortlich sind und auch nicht die ganze Welt retten müssen. Aber den Gedanken, dass Gewalt manchmal ein Ausdruck von Nächstenliebe sein soll, finde ich befremdlich. Das klingt für mich so, als sollte Gewalt, als sollten die traurigen Zustände in dieser Welt, verharmlost und religiös legitimiert werden. Dabei ist Gewalt doch immer etwas Schlechtes. Hast du schon einmal mit Gewaltopfern gesprochen, beispielsweise in einem Frauenhaus?

Wir sind uns selbstverständlich darüber einig, dass solche Formen von Gewalt, wie du sie jetzt ansprichst, nicht zu rechtfertigen und widerlich sind. Aber was ist mit der Gewalt des Polizisten, der den Mann, der seine Ehefrau halb totgeschlagen hat, festnimmt und ins Gefängnis sperrt? Was ist mit der Gewalt der Mutter, die ihre Tochter an der Straße am Arm zurückreißt, weil sie sonst vor ein vorbeifahrendes Auto läuft? Was ist mit der indirekten Gewalt der Leiterin einer diakonischen Einrichtung, die einem faulen Mitarbeiter kündigt, weil die Kollegen seine Arbeit schon seit Monaten miterledigen müssen? Wenn wir in unserer Funktion Verantwortung für andere Menschen übernommen haben, ist es erlaubt und sogar geboten, zu deren Schutz auch gewaltsame Mittel anzuwenden, wenn es sein muss - natürlich im Rahmen der Gesetze. Und wenn es dem Nächsten nutzt, ist es nach Luther eine Ausdrucksform der Nächstenliebe.

Wenn man den Begriff Gewalt in diesem weiten und differenzierten Sinne verwendet, kann ich mitgehen. Das Beispiel der Leiterin einer diakonischen Einrichtung würde ich gerne vertiefen. Ich habe schon mehrfach erlebt, dass Mitarbeitende erwarten, dass Leitungen diakonischer Einrichtungen ihnen gegenüber immer nachsichtig sein müssen, keine Leistung einfordern dürfen und bedingungslose Liebe praktizieren sollen. Mit der Begründung, dass das christlicher Ethik entsprechen würde. Ehrlich gesagt wusste ich nie genau, wie ich mit dieser Erwartungshaltung umgehen soll. Natürlich muss ich von meinen Mitarbeitenden Leistungsbereitschaft einfordern und notfalls auch dienstrechtliche Konsequenzen ziehen. Eben weil ich verantwortlich dafür bin, dass die anderen Kollegen und Kolleginnen nicht benachteiligt werden. Und dass die Adressaten und Adressatinnen gute und professionelle Unterstützung erhalten. Jetzt weiß ich, dass ich damit nicht gegen Grundprinzipien evangelischer Ethik verstoßen habe - im Gegenteil. In der Predigt im Gottesdienst und im privaten christlichen Miteinander haben Leistungsforderungen und Zwang keinen Platz. Aber im öffentlichen Leben und im Beruf, überall dort, wo man Verantwortung für andere trägt, eben schon. Luthers Ansatz ist zwar kompliziert, doch das passt immerhin zur komplizierten Wirklichkeit. Aber wer liest heute schon noch Luther? Luthers Ethik, evangelische Ethik, christliche Ethik - da gibt es ein-

fach zu viele religiöse Voraussetzungen. Jemanden, der diese Voraussetzungen nicht teilt, kann man nicht davon überzeugen. Die meisten Menschen finden wahrscheinlich philosophische ethische Ansätze ohne solche weltanschaulichen Voraussetzungen leichter zugänglich.

Aber sind philosophische ethische Ansätze wirklich weltanschaulich voraussetzungslos? Jedes ethische Urteil, also jedes Urteil darüber, ob eine Handlung als gut oder schlecht zu bewerten ist, basiert auf solchen Voraussetzungen. Auch philosophische Ethiker und Ethikerinnen, beispielsweise Aristoteles, Immanuel Kant oder Martha Nussbaum, urteilen nicht neutral oder im luftleeren Raum. Auch sie setzen immer schon bestimmte Vorstellungen davon voraus, was für den Menschen gut und schlecht ist, was gerecht und ungerecht ist oder wie man am besten ethische Normen begründet. Deswegen kommen ja auch verschiedene ethische Ansätze zu verschiedenen Urteilen. Es gibt keine objektiven oder voraussetzungslosen ethischen Lehren. Es kommt darauf an, seine Voraussetzungen transparent zu machen und bereit zu sein, sie kritisch zu reflektieren. Egal, ob man eine aristotelische, eine kantianische oder eine evangelische Ethik vertritt.

Stimmt. Im Prinzip lässt es sich ja nicht bestreiten: Jedes ethische Urteil erfolgt von einem bestimmten Standpunkt aus. Und zu jedem Standpunkt gibt es auch einen Gegenstandpunkt, von dem aus man zum gegenteiligen Urteil kommt. Die Diakonie fordert beispielsweise, dass die Hartz IV-Leistungen erhöht werden sollten, weil nach ihrem Stand-

punkt zu einem menschenwürdigen Leben auch gesellschaftliche Teilhabe gehört. Und andere politische Akteure lehnen diese Forderung ab, weil nach ihrem Standpunkt für ein menschenwürdiges Leben das physische Existenzminimum ausreicht. Keine Seite kann der anderen ihren Standpunkt beweisen. Vom jeweiligen Standpunkt aus betrachtet, sind die unterschiedlichen Urteile plausibel. Aber wenn man diese Erkenntnis wirklich ernst nimmt, macht es dann überhaupt Sinn, ethische Aussagen zu machen? Ist dann nicht jedes ethische Urteil gleich richtig? Muss ich dann alle Positionen anerkennen, auch diejenigen, die ich menschenverachtend finde? Ist dann am Ende alles egal?

Manche Menschen vertreten eine solche Position. Aber ich vertrete sie nicht und du anscheinend auch nicht. Und diejenigen, die sie mit Überzeugung vertreten, zeigen ja damit, dass für sie doch nicht alle Urteile gleich richtig sind und widersprechen sich also selbst. Man kann nicht leugnen, dass ethische Urteile immer von einem bestimmten Standpunkt aus erfolgen. Ethische Aussagen haben darum einen anderen Charakter als beispielsweise mathematische Berechnungen. Aber daraus, dass niemand zwingend beweisen kann, dass er oder sie die wahre Position vertritt, folgt nicht, dass es keine Wahrheit gibt. Man kann davon überzeugt sein, dass die eigene ethische Sicht universale Geltung hat. Beispielsweise, dass allen Menschen Menschenwürde zukommt. Auch wenn man nicht alle anderen von dieser Sicht überzeugen kann. Man kann mit Argumenten um die Wahrheit ringen. Wir müssen uns nicht auf das Niveau von Talkshows begeben, wo jeder seine Meinung sagt und jede Meinung gleich viel zählt. Gibt es nicht nachvollziehbare Kriterien, um Qualitätsunterschiede zwischen unterschiedlichen ethischen Urteilen festzustellen? Beispielsweise ob jemand über seine Position ernsthaft nachgedacht und sich auch mit Gegenargumenten auseinandergesetzt hat. Ob die Position frei von inneren Widersprüchen ist. Ob sie praxistauglich ist und was passieren würde, wenn alle Menschen danach handeln würden.

Da triffst du bei mir auf offene Türen. Eine Ethik der Nächstenliebe und eine Ethik des Hasses können nicht gleichermaßen wahr und gültig sein. Aber ich muss trotzdem noch einmal Wasser in den Wein gießen. Eben hast du davon gesprochen, dass du davon überzeugt bist, dass deine ethische Sicht wahr und universal gültig ist - also Inhalte evangelischer Ethik. Irgendwie klangen deine Ausführungen vorhin bescheidener und sympathischer. Da sagtest du, dass evangelische Ethik nicht den Anspruch vertritt, die richtigen Antworten auf alle ethischen Fragen zu geben. Und dass evangelische Ethik zur kritischen Hinterfragung der eigenen Sichtweise und zur Achtung des Gewissens Andersdenkender ermutigt. Wie passt das zusammen? Ist es nicht so, dass Menschen, die davon überzeugt sind, im Besitz der Wahrheit zu sein, zu Rechthaberei und zur Ausgrenzung von Menschen mit anderen Überzeugungen tendieren? Muss Ethik in einer modernen, pluralen Gesellschaft nicht als offene Suchbewegung verstanden werden? Wo Menschen mit verschiedenen Überzeugungen gemeinsam, bescheiden und respektvoll unterwegs sind?

Einerseits eine feste Überzeugung haben und andererseits dazu bereit sein, sich mit Argumenten gegen diese Überzeugung auseinanderzusetzen und Menschen mit anderen Überzeugungen zu respektieren – ist das wirklich ein Widerspruch? Ich stimme dir zu, dass ethische Fragen in einer pluralen Gesellschaft im Sinne eines gemeinsamen Suchens nach Kompromissen bearbeitet werden müssen. Ich würde sagen, dass sich evangelische Ethik angesichts ihres eigenen bescheidenen und diskursiven Grundansatzes besonders konstruktiv an dieser gemeinsamen Suche beteiligen kann. Der Diskurs kann jedoch nur dann fruchtbar sein, wenn die beteiligten Menschen auch von irgendwelchen Positionen überzeugt sind und diese vertreten. Wer nicht glaubt, dass es eine Wahrheit gibt, respektiert letztlich keine der beteiligten Positionen. Und wer keine Position vertritt, ist kein interessanter Gesprächspartner. Und du hast ja selbst gesagt, dass du auch eine Position vertrittst, dass du der christlichen Ethik nahestehst. Gleichzeitig hast du betont, dass du mit Glaubenssätzen nichts anfangen kannst. Ich weiß aber nicht, ob man das wirklich trennen kann. Denn jede Ethik basiert – wie wir vorhin festgestellt haben – auf weltanschaulichen Voraussetzungen. Hinter den verschiedenen ethischen Positionen stehen verschiedene Menschenbilder. Vorstellungen davon, was gut und schlecht für den Menschen ist, was ein gutes menschliches Leben ausmacht, was die Bestimmung des Menschen ist, worin der Sinn des menschlichen Lebens besteht.

Dann lass uns über Menschenbilder sprechen.

2. Wichtig ist mir die unbedingte Würde aller, wirklich aller Menschen.

Menschenbilder sind der Kern jeder Weltanschauung. Jeder Mensch wird beeinflusst von irgendeinem Menschenbild. Aber man denkt selten darüber nach und fasst es selten in Worte. Wie würdest du dein eigenes Menschenbild beschreiben?

Ich erinnere mich daran, dass wir vor langer Zeit im Studium über unser Menschenbild nachdenken sollten. Unsere Dozentin legte viel Wert auf die Feststellung, dass eine solche Reflexion für die professionelle Ausübung Sozialer Arbeit notwendig sei. Weil wir uns dessen bewusstwerden sollten, dass unser Menschenbild den Umgang mit unseren Klienten und Klientinnen prägt. Ich weiß nicht mehr, was ich damals gesagt habe. Aber heute würde ich sagen: Mein Menschenbild ist ein humanistisches. Jeder Mensch hat einen guten Kern und kann sich positiv entwickeln. Wichtig ist mir die unbedingte Würde aller, wirklich aller Menschen. Unabhängig von der Herkunft, unabhängig vom Geschlecht, unabhängig vom körperlichen oder geistigen Gesundheitszustand. Jeder Mensch hat einen Anspruch auf die Achtung seiner Würde, auf Ernstgenommenwerden, auf Selbstbestimmung, auf den Schutz seiner Menschenrechte. Das humanistische und das christliche Menschenbild dürften sich wohl kaum unterscheiden. Es ist das Interesse am Menschen, die Liebe zum Menschen, die alle Mitarbeitenden der Diakonie verbindet - ob mit christlicher, humanistischer, muslimischer oder anderer weltanschaulicher Prägung.

Du hast gerade eben so viele wichtige Aspekte angesprochen, dass ich gar nicht weiß, über welchen davon wir zuerst ausführlicher sprechen sollen. Aber nehmen wir doch ruhig das Thema Menschenwürde. Da sind wir beide uns einig. Und die meisten anderen Menschen in Deutschland auch. Immerhin ist das Bekenntnis zur Menschenwürde sogar die Grundlage unseres Grundgesetzes: Die Würde des Menschen ist unantastbar. Aber es gibt auch Kritiker des Gedankens einer Würde, die für alle Menschen gelten soll. Manche verweisen darauf, dass der Menschenwürdegedanke ein Produkt der westlichen Kultur ist und anderen Kulturen nicht aufgedrängt werden darf. Andere kritisieren, dass Menschenwürde eine anmaßende Erfindung der Menschen sei, um die Ausbeutung von Tieren zu legitimieren. Oder es wird problematisiert, dass das Menschenwürdeargument zu oft von Vertretern aller möglichen Positionen benutzt wird, um die Diskussionspartner mundtot zu machen.

Da ist schon etwas dran. Wenn bei einer Diskussion die entgegengesetzten Seiten gleichermaßen mit der Menschenwürde argumentieren, weiß man als Zuhörerin nicht so recht, was man davon halten soll. Wir hatten diese Situation beispielsweise, als wir über die Form der möglichen Tafelarbeit diskutiert haben. Erst ging es um die Frage des Ortes. Die eine Hälfte meiner Kolleginnen und Kollegen hat gesagt, wir müssten die Ausgabestelle im Stadtkern ansiedeln, weil es der Würde der Nutzer und Nutzerinnen wider-

spricht, sie räumlich auszugrenzen. Die andere Hälfte hat gesagt, wir müssten die Ausgabestelle möglichst abgelegen einrichten, weil es der Würde widerspricht, arme Menschen durch Zurschaustellung zu beschämen. Dann ging es um die Frage, ob die Adressaten und Adressatinnen auch als freiwillig Engagierte mitarbeiten dürfen oder nicht. Die eine Hälfte meiner Kolleginnen und Kollegen hat gesagt, wir müssten sie mitarbeiten lassen, weil es ihrer Würde widerspricht, ihnen soziale Teilhabe vorzuenthalten. Die andere Hälfte hat gesagt, wir sollten sie nicht mitarbeiten lassen, weil es ihrer Würde widerspricht, ihnen das Gefühl zu geben, sie müssten sich den Anspruch auf Unterstützung erst verdienen, oder sie wie Aktivierungs-Objekte zu behandeln. Wie kann es sein, dass Menschenwürde inhaltlich so wenig eindeutig ist?

Menschenwürde hat viele Facetten: die Achtung als Mensch, das Lebensrecht, die Selbstbestimmung, die Menschenrechte, das Verbot einer Degradierung zum bloßen Mittel oder Objekt, den Schutz vor Demütigung oder Bloßstellung sowie die Möglichkeit zu einer Befriedigung der Grundbedürfnisse. Verschiedene Menschen können jeweils verschiedene dieser Facetten besonders wichtig finden. So kommt es dazu, dass in manchen Debatten entgegengesetzte Positionen mit der Menschenwürde begründet werden. Das bekannteste Beispiel ist sicher die Diskussion zur gesetzlichen Regelung von Schwangerschaftsabbrüchen. Die einen fordern eine Liberalisierung mit dem Verweis auf den Würde-Aspekt Selbstbestimmung. Die anderen fordern eine Verschärfung mit dem Verweis auf den Würde-Aspekt Lebensrecht. Dass der Begriff Menschenwürde so facettenreich ist, hängt mit seiner komplizierten Geschichte zusammen. Ursprünglich kommt der Gedanke aus der antiken Philosophie, wurde dann von den Kirchenvätern mit christlichen Vorstellungen verbunden, von den Renaissance-Philosophen wiederentdeckt und von der Aufklärungs-Philosophie neu interpretiert.

Also liegen die Ursprünge des Menschenwürde-Gedankens gar nicht im Christentum?

Nein, sie liegen nicht im Christentum. Und die christlichen Theologen und Theologinnen müssen wohl oder übel auch zugeben, dass die Idee der Menschenwürde in weiten Teilen der Theologiegeschichte keine große Rolle spielte und teilweise sogar von den Kirchen bekämpft wurde. Es ist jedoch andererseits kein Zufall, dass immer wieder in der Geschichte einzelne Theologen und Theologinnen an die Menschenwürde erinnert haben und dass der Gedanke heute so eine wichtige Rolle in der christlichen Theologie spielt. Denn viele der eben genannten Aspekte, die wir mit Würde verbinden, kommen in der biblischen Tradition vor. Auch wenn der Begriff selbst noch nicht vorkommt. Sei es der Gedanke der Gottebenbildlichkeit des Menschen, die alttestamentlichen Sozialgesetze oder die Praxis der universalen Nächstenliebe, die von Jesus gefordert und vorgelebt wurde. Außerdem weist der Kern der christlichen Botschaft, dass Gott alle Menschen bedingungslos liebt, eine große Ähnlichkeit zu dem Gedanken auf, dass allen Menschen voraussetzungslos Würde zukommt. Es spricht sogar viel dafür, dass sich die Idee einer unbedingten Würde aller, wirklich aller Menschen am besten christlich begründen lässt.

Dann ist es ja angemessen, dass die Menschenwürde ganz oben in allen diakonischen Leitbildern steht. Trotzdem geht mir das gerade etwas zu schnell. Eben noch hast du zugegeben, dass die Ursprünge des Menschenwürde-Gedankens gar nicht im Christentum liegen und dass die Kirche den Gedanken sogar teilweise bekämpft hat. Und jetzt behauptest du, dass man das Christentum braucht, um ihn zu begründen? Ich kenne viele Personen, die sich für die Achtung der Würde aller Menschen einsetzen und die keine Christen und Christinnen sind.

Vielleicht sind diese Personen aber auch stärker von christlichen Ideen geprägt, als sie ahnen? Der Schriftsteller Heinrich Böll sagte einmal sinngemäß: Auch eine schlechte christliche Welt ist mir lieber als jede andere, weil es in einer christlichen Welt Platz gibt für Menschen mit Behinderung, für Schwache und Kranke, die von anderen Weltanschauungen als nutzlos angesehen werden. Mit der Begründung einer universalen Menschenwürde ist es so eine Sache. Manche Philosophen schlagen eine Begründung über irgendwelche menschlichen Eigenschaften vor, beispielsweise Vernunft. Aber es gibt immer einzelne Menschen, die diese jeweilige Eigenschaft nicht haben. Was ist mit denen? Gerade um solche Menschen zu schützen, ist doch der Gedanke der Menschenwürde so wichtig. Andere Philosophen schlagen eine Begründung über die gegenseitige Zuschreibung vor. Sie gehen davon aus, dass ein Mensch, der einem anderen Menschen in die Augen schaut, gar nicht anders kann, als ihm Würde zuzugestehen. Aber was passiert, wenn das nicht geschieht? Wenn Menschen andere Menschen als Ungeziefer betrachten? Die beste philosophische Begründung kam vom Philosophen Immanuel Kant: Alle Menschen haben Würde, weil sie an der Idee der idealen Person teilhaben, zu der die Fähigkeit gehört, ethisch zu handeln. Diese Begründung umfasst wirklich alle Menschen, weil sie sich nicht auf sichtbare Eigenschaften konkreter Personen, sondern auf eine universale philosophische Idee bezieht. Aber sie ist nur schwer verständlich und man muss ein Anhänger der kantianischen Philosophie sein, um sie plausibel zu finden. Wegen dieser Schwachstellen aller philosophischen Begründungen habe ich eben gesagt, dass viel dafür spricht, dass sich die Idee einer unbedingten Würde aller, wirklich aller Menschen am besten christlich begründen lässt. Ich finde beispielsweise den Gedanken ansprechend, dass der Grund der Würde jedes Menschen in der Bestimmung liegt, die Gott jedem Menschen gegeben hat.

Bestimmung - ein großes Wort. Darüber muss ich erst einmal einen Moment nachdenken. Diesen Begriff verwendet man ja nicht gerade in alltäglichen Gesprächen. Trotzdem kann ich mit dem Ausdruck etwas anfangen. Hat jeder Mensch eine Bestimmung? Habe ich eine Bestimmung? Eigentlich ist es ja nur ein anderes Wort für den Sinn des Lebens. Es wäre ja schrecklich, wenn es keinen Sinn geben würde. Aber brauche ich einen Gott dazu? Der Sinn, die Bestimmung kann doch eigentlich nur Selbstverwirklichung sein. Und wie man sich selbst verwirklichen möchte, das muss wohl jeder für sich selbst herausfinden. Ich habe beispielsweise das Glück, dass ich mich in meinem Beruf selbst verwirklichen kann. Weil ich das Gefühl habe, in der Diakonie am richtigen Ort zu sein und etwas Sinnvolles zu tun.

Aber ist die Entscheidung, wo man seine Selbstverwirklichung zu finden glaubt, tatsächlich eine rein individuelle Angelegenheit? Ist es gleichermaßen legitim, seine Selbstverwirklichung darin zu finden, anderen zu helfen, oder darin, anderen zu schaden? Oder nehmen wir ein weniger extremes Beispiel: Ist das Leben eines Menschen, der sein Leben allein vor dem Fernseher verbringt, genauso bestimmungsgemäß wie das Leben eines Menschen, der eine Familie gründet und seine Kinder liebevoll erzieht – nur weil beide sich dabei wohlfühlen?

Das ist eine schwierige Frage. Natürlich endet die Freiheit jedes Menschen an der Freiheit des anderen. Aber wenn ein Mensch niemandem schadet – darf ich mir dann herausnehmen, seinen Lebensentwurf zu kritisieren? Dann wären wir wieder beim alten Paternalismus in der Sozialen Arbeit, von dem wir vorhin gesprochen haben. Andererseits bin ich davon überzeugt, dass zu einem guten Leben auch Gemeinschaft und Beziehung gehören. Das liegt meiner Meinung nach in der Natur des Menschen. In diesem Sinne würde ich im Bereich der Beratung oder Therapie versuchen, Klienten und Klientinnen zu einem Leben in Gemeinschaft und Beziehung zu befähigen.

Die Bestimmung des Menschen liegt in einem Leben in Gemeinschaft und Beziehung. Das ist eine inhaltlich sehr konkrete und anspruchsvolle Formulierung. Und sie entspricht ziemlich genau der christlichen Vorstellung von der Bestimmung des Menschen. Natürlich gibt es nicht nur ein einziges christliches Menschenbild. Biblische Geschichten reden unterschiedlich vom Menschen. Und verschiedene Christen und Christinnen haben verschiedene Vorstellungen. Aber insbesondere zwei Aspekte sind tief in der christlichen Tradition verwurzelt und tauchen darum bei christlichen Menschenbildern immer wieder auf. Zum einen die Gottebenbildlichkeit. Damit sind die Bestimmung zu einem Leben in Gemeinschaft und Beziehung und die unbedingte Würde gemeint. Zum anderen die Erlösungsbedürftigkeit. Damit ist gemeint, dass die Verfehlung der Bestimmung, Scheitern, Schwäche, Unvollkommenheit und Angewiesenheit nicht die Ausnahme darstellen, sondern ziemlich häufig im menschlichen Leben vorkommen. Hier setzen christliche Menschenbilder einen anderen Akzent als humanistische.

Auf den ersten Blick finde ich es eigentlich sympathischer, von den Ressourcen her zu denken und nicht von den Defiziten. Also den guten Kern des Menschen und seine Stärken zu betonen anstatt seine Unvollkommenheit und seine Schwächen. Aber auf den zweiten Blick liegt im ehrlichen Realismus natürlich auch ein heilsames Korrektiv - gerade aus diakonischer Sicht. Das gesellschaftliche Ideal vom gesunden, starken, jungen, unabhängigen Menschen ist für die meisten Menschen früher oder später frustrierend. Niemand ist immer gesund. Niemand ist immer stark. Niemand ist immer jung. Niemand ist immer unabhängig. Im Gegenteil. Im größten Teil unseres Lebens entsprechen wir nicht dem Ideal. Und wie könnte irgendein Mensch völlig unabhängig von allen anderen Menschen leben? In der diakonischen Arbeit haben wir viel mit Menschen zu tun, die sich in Situationen besonderer Schwäche und Hilfebedürftigkeit befinden. Und gleichzeitig ist doch den meisten Mitarbeitenden der Diakonie bewusst, dass sie selbst genauso unvollkommen und verletzlich sind. Im Blick auf Menschen mit Behinderung kämpfen wir seit Jahren gegen stigmatisierende Ausgrenzung und für ein neues Bewusstsein: Es ist normal, verschieden zu sein.

Obwohl es so naheliegend ist, wie du es beschreibst, kommt das Thema Behinderung in der Theologie beim Nachdenken über das Menschenbild relativ selten vor. Eine positive Ausnahme stellt der Theologe Ulrich Bach dar, der selbst infolge einer Erkrankung mit einer körperlichen Behinderung lebte. Bach ärgerte sich darüber, dass in der Kirche oft das Ideal des starken und gesunden Menschen theologisch untermauert wird. Das führt dazu, dass sich Menschen mit Behinderung auch in der Kirche ausgegrenzt fühlen. Obwohl das christliche Menschenbild eigentlich – wie wir gesehen haben – in eine ganz andere Richtung weist. Man predigt lieber von Jesu Wundertaten als davon, dass er schwach und hilfebedürftig war. Man vermittelt den Eindruck, dass Christen und Christinnen stark sein müssten, wenn sie anderen helfen wollen. Dabei sind doch alle Menschen begrenzte, ja total verkorkste Existenzen. Und alle gehören zu einer Solidargemeinschaft vor Gott. Menschen mit Behinderung und

Menschen ohne Behinderung sind gleichermaßen nicht durch ihre Fähigkeiten definiert, sondern dadurch, dass Gott Ja zu ihnen sagt.

Je mehr ich darüber nachdenke, desto interessanter finde ich diesen Gedanken - wenn ich ihn richtig verstanden habe: Das, was einen Menschen ausmacht, liegt nicht in dem, was er hat, was er kann oder was er leistet, sondern in dem, was er in den Augen Gottes ist. Er muss seine Existenz nicht erst rechtfertigen oder sein Lebensrecht erst irgendwie verdienen. Gott hat schon Ja zu ihm gesagt. Es ist ein schöner, entlastender, vielleicht sogar befreiender Gedanke. Schade, dass durch den Bezug auf Gott für viele Menschen eine hohe Barriere besteht, sich dem Gedanken zu öffnen. Ich muss zugeben, dass es mir auch nicht leichtfällt. Würde die Formulierung, dass jedem Menschen unbedingt Würde zukommt, unabhängig von dem, was er hat, kann oder leistet, nicht inhaltlich ungefähr dasselbe aussagen - nur ohne den Gottesbegriff? Aber dann hat man natürlich wieder das Begründungsproblem. Da haben Christen und Christinnen mit ihrem Gottesbegriff einen Vorteil. Dass niemand seine Existenz rechtfertigen oder sein Lebensrecht verdienen muss, dass niemand sich das, was ihn ausmacht, seine Würde, erst erarbeiten muss - diese befreiende Botschaft wäre gerade in unserer Zeit für viele Menschen sehr wichtig. Denken wir beispielsweise an die Langzeiterwerbslosen und ihre Familien: sechs Millionen Menschen in Deutschland. Denen fehlt ja nicht nur das Geld für Stromrechnungen, Busfahrkarten und Medikamentenzuzahlungen. Vor allem werden viele depressiv, weil sie keine Perspektiven haben. Sie leiden unter so starken Vorurteilen wie keine andere Gruppe. Kein Wunder, wenn man sich die Klischees ansieht, die im Fernsehen verbreitet werden. Entsprechend ist meistens die Behandlung in den Behörden. Frühere Freunde wechseln die Straßenseite. Man gibt ihnen das Gefühl, überflüssig zu sein und keine Würde zu besitzen, solange sie keinen Job haben. Die Botschaft des Bejahtseins können Mitarbeitende der Diakonie durch ihr Verhalten im Umgang mit den Betroffenen zum Ausdruck bringen. Außerdem können wir versuchen, zum Abbau gesellschaftlicher Vorurteile beizutragen.

Wenn wir versuchen, andere Menschen durch die Augen Gottes zu sehen, werden wir allen Versuchen widersprechen, Menschen den Wert ihres Lebens, ihren Anspruch auf Achtung oder ihre Menschenrechte abzusprechen.

In unserer gemeinwesenorientierten diakonischen Arbeit gestalten wir unseren Lebensraum. Durch die Verbesserung von Strukturen wird Menschen ein Leben in Würde erleichtert. Vor allem Menschen mit wenig Geld. Insofern ist unsere Arbeit auch so etwas wie ein Protest gegen gesellschaftliche Verhältnisse, die den Anspruch der Menschen auf Achtung verletzen. Wir arbeiten im Gemeinwesen gemeinsam mit möglichst vielen Akteuren vor Ort: Christen, areligiösen Menschen, Muslimen. Menschen helfen Menschen. Das ist ein allgemeinmenschliches Phänomen.

Stimmt. Das berühmteste Vorbild für diakonisches Helfen, der barmherzige Samariter, war ja auch weder Jude noch Christ. Manche Diakoniewissenschaftler und Diakoniewissenschaftlerinnen sprechen in solchen Fällen von anonymer Diakonie. Nicht um alles helfende Handeln diakonisch zu vereinnahmen. Sondern um alles helfende Handeln gleichermaßen wertzuschätzen.

Warum man dazu das Etikett des Diakonischen braucht, verstehe ich zwar nicht ganz. Aber wenn es Einzelnen dabei hilft, die Qualität solidarischen Handelns anzuerkennen, auch wenn es nicht explizit christlich motiviert ist, dann soll es mir recht sein. Den Klienten und Klientinnen ist es normalerweise auch egal, welcher Religion ich zugehöre. Es sind eher Ausnahmefälle, in denen das zur Sprache kommt. Hier im Mehrgenerationenhaus eigentlich gar nicht. Aber mein Kollege, der in der Arbeit mit Geflüchteten hier im Stadtteil tätig ist, hat mir erzählt, dass er öfter spannende Gespräche über Religion hat, weil die Geflüchteten wissen, dass er von der Diakonie kommt. Er hat den Vorteil gegenüber Kollegen und Kolleginnen von anderen Trägern, dass er einfacher kulturell bedingte Alltagsprobleme ansprechen kann. Beispielsweise wie man damit umgehen kann, wenn jemand versehentlich durch die Wohnungstür eine Frau ohne ihr Kopftuch gesehen hat. Bei Menschen mit einem anderen kulturellen Hintergrund spielt eben Religion oft noch eine größere Rolle. In meinem privaten Umfeld würde sich kaum jemand als religiös oder spirituell bezeichnen. Hat das auch etwas mit dem Thema Menschenbild zu tun?

Bis vor wenigen Jahrzehnten waren sich die meisten Menschen darüber einig, dass Religion zum Menschsein gehört. Schon in prähistorischer Zeit besaßen Menschen Jenseitshoffnungen, wie wir aus Grabbeigaben wissen. Und erzählten sich religiöse Mythen, wie Höhlenmalereien zeigen. Auf der ganzen Welt und zu allen Zeiten machten Menschen religiöse Erfahrungen. Atheisten gab es wohl eher nur vereinzelt. Die Überzeugungen, dass Religion ein Grundbedürfnis darstellt und dass alle Menschen in ihrem tiefsten Inneren spüren, dass es einen Gott gibt, gehörten zu den meisten Menschenbildern. Heute müssen wir zur Kenntnis nehmen, dass diese Überzeugungen anscheinend nicht allgemein zutreffen. Dazu gibt es mittlerweile zu viele areligiöse Menschen, denen nach eigenem Empfinden nichts fehlt - Gewohnheitsatheisten. Und traditionelle christliche Frömmigkeitsformen werden in Deutschland immer seltener an die nächste Generation weitergegeben, ohne dass die meisten etwas vermissen. Auf den ersten Blick wird es dadurch für Theologen und Theologinnen schwieriger, über die christliche Botschaft ins Gespräch zu kommen. Aber auf den zweiten Blick kann darin auch eine Chance für solche Gespräche wie unseres hier liegen. Weil man sich nicht mehr hinter wohlklingenden alten Begriffen verstecken kann. Weil man Gedanken neu formulieren und begründen muss. Weil man gemeinsam herausfinden muss, worum es in der christlichen Botschaft eigentlich wirklich geht.

Wenn man sich früher bei der Frage geirrt hat, was zur Natur des Menschen gehört und was nicht, dann können wir uns heute auch darüber irren. Die Behauptung irgendeiner Natur des Menschen wurde in der Geschichte ja auch mehr als einmal dazu missbraucht, um Ideologien zu legitimieren. Wenn beispielsweise Mädchen aufgrund ihrer angeblichen Natur Bil-

dungschancen vorenthalten wurden. Dabei habe ich selbst vorhin gesagt, dass das Bedürfnis nach Gemeinschaft und Beziehung in der Natur des Menschen liegt. Das glaube ich auch immer noch. Aber wir müssen mit dem Begriff Natur vorsichtig umgehen. Es ist eben nicht eindeutig, was natürlich ist. Und es muss auch nicht alles, was natürlich ist, gut sein. Beispielsweise, dass die Stärkeren überleben und die Schwächeren zugrunde gehen. Menschen haben eine Natur, sind Teil der Natur, sind Säugetiere, bestehen aus Zellen - aber das ist eben noch nicht alles, was man über Menschen sagen kann.

Das denke ich auch. Menschen sind nicht nur Angehörige einer biologischen Spezies. Sie sind Angehörige einer Gemeinschaft von Personen. Sie tragen ethische Verantwortung. Sie haben eine besondere gottgegebene Bestimmung. Und ihnen kommt eine unbedingte Würde zu. Sie sind eben mehr als Tiere.

Ich stimme deinen Aussagen über Menschen zu. Aber mir ist nicht klar, warum du nicht groß von den Menschen denken kannst, ohne gleichzeitig die Tiere abzuwerten. Warum sollen nicht alle Lebewesen eine Würde haben? Warum soll ich in meinem Hund keine Person sehen? Ist es nicht besser, vegan zu leben, als Massentierhaltung und Tierquälerei zu unterstützen? Einerseits finde ich es ja gut, dass die christliche Weltsicht den Menschen in den Mittelpunkt stellt. Aber andererseits wird mir gerade deutlich, dass darin auch eine große Gefahr liegt. Vielleicht sogar eine der Ursachen für den ausbeuterischen Umgang mit der Umwelt in unserem Kulturkreis seit Jahrhunderten?

Ja, die christliche Weltsicht macht einen Unterschied zwischen Menschen und Tieren. Aber nein, sie rechtfertigt weder Massentierhaltung noch Tierquälerei noch einen ausbeuterischen Umgang mit der Umwelt. Es tut der Diskussion zu diesem Thema nicht gut, dass regelmäßig dort Extrempositionen unterstellt werden, wo gar keine vertreten werden. Genauso wie nicht alle Anhänger und Anhängerinnen der Tierrechtsbewegung das Lebensrecht von Menschen mit geistiger Behinderung in Frage stellen. Obwohl diese Position bei manchen prominenten Gegnern einer Sonderstellung des Menschen durchaus vorkommt. Was ja gerade aus diakonischer Perspektive hellhörig machen muss. Die christliche Tradition betont die besondere Verantwortung des Menschen gegenüber der übrigen Schöpfung. Aber gerade diese besondere Verantwortung ist wiederum Ausdruck einer Sonderstellung. Ohne eine Sonderstellung des Menschen gibt es keine Menschenwürde und keine Menschenrechte. Das heißt nicht, dass es keine Tierwürde und keine Tierrechte geben darf. Aber diese müssen sich in Inhalt und Geltungsanspruch unterscheiden. Einem Wurm können nicht die gleiche Würde und die gleichen Rechte zuerkannt werden wie einem Menschen. Ansonsten werden Menschenwürde und Menschenrechte relativiert. Aber unser menschenfreundliches Menschenbild ist gegenwärtig nicht nur durch die Tierrechtsbewegung unter Beschuss. Sondern beispielsweise auch durch die Weltanschauung, nach der es wünschenswert wäre, dass die Menschheit zum Wohl der Umwelt ausstirbt. Oder durch die Philosophie des so genannten Transhumanismus, die einen neuen Menschen mit technischen Mitteln schaffen möchte.

Der technische Fortschritt hat große Auswirkungen auf das menschliche Miteinander. An Orten, an denen sich früher Menschen unterhalten haben, sitzen jetzt alle nur noch über ihre Handys gebeugt. Auch in der Diakonie tut sich einiges. Und die Covid19-Pandemie hat die Entwicklung noch einmal beschleunigt. Bei uns im Mehrgenerationenhaus haben wir versucht, möglichst viele Angebote aufrecht zu erhalten. Aber viele Nutzende hatten entweder Angst vor Ansteckung, gerade die Älteren, oder keine Lust, sich mit Gesichtsmasken und Abstandsregelungen zusammenzusetzen. Wir haben versucht, einige Angebote zu digitalisieren, aber das hat nicht so recht geklappt. Unseren Adressaten und Adressatinnen fehlten oft die technischen Geräte und Kompetenzen. Auch in den Bereichen Gesundheit und Pflege hat sich in den letzten Jahren durch die Digitalisierung viel verändert. Und das ist wohl erst der Anfang. Überall werden Pflegeroboter getestet. Als ich noch in der Senioreneinrichtung gearbeitet habe, fing das langsam an. Wir hatten die Roboter-Robbe Paro. Sie wurde Bewohnern und Bewohnerinnen mit Demenz zum Streicheln auf die Brust gelegt. Die Robbe reagiert und simuliert Emotionen. Am Anfang war ich dagegen. Ich hatte das Gefühl, dass wir die Bewohner damit irgendwie betrügen. Außerdem war ich zuerst unsicher, wie wir ihr Einverständnis sicherstellen und verhindern, dass menschliche Zuwendung durch technische ersetzt wird. Aber später habe ich meine Meinung geändert, weil die Effekte durchweg positiv waren. Und die Anweisung war klar, dass die Robbe nur im Beisein einer menschlichen Fachkraft eingesetzt werden durfte. Aber was ist in Zukunft mit Robotern in der Pflege, die mehr können – noch dazu in Zeiten des Fachkräf-

temangels? Wird sich vermeiden lassen, dass sie menschliche Zuwendung ersetzen? Aber was für eine Art von Beziehung kann ein Mensch zu einem Roboter haben? Ich habe das Gefühl, dass es nicht die Art von Gemeinschaft und Beziehung ist, von der wir vorhin gesprochen haben, als es um die Bestimmung des Menschen ging.

Das Problem beim technischen Fortschritt ist, dass wir uns zwar eine Zeitlang einer neuen Technologie entziehen können, aber irgendwann nicht mehr. Vor zwanzig Jahren konnte man sich noch gegen ein Handy entscheiden, wenn man keines haben wollte. Jetzt muss man ein Handy haben, wenn man nicht vom normalen Leben ausgeschlossen sein will. Darum entscheiden technische Entwicklungen von heute, in was für einer Welt wir künftig leben werden. Auch im Bereich der Pflege. Warum wird so viel Geld in die Entwicklung von Technologien investiert anstatt in die Ausbildung und faire Bezahlung menschlicher Pflegekräfte? Der Charakter der Pflege wird sich verändern. Die Diakonie sollte diese Entwicklung kritisch begleiten und Standards setzen. Die Unterscheidung zwischen Mensch und Maschine darf nicht verlorengehen. Eine menschliche Beziehung lässt sich nicht durch eine technische Simulation menschlicher Kommunikation ersetzen. Wir können die Erfüllung unserer Bestimmung nicht an Maschinen delegieren.

Man muss aber auch die Chancen der Entwicklung neuer technischer Assistenzsysteme im Pflegebereich sehen. Viele Menschen erhoffen sich dadurch einen Zugewinn an Selbstbestimmung im Alter. Die meisten wollen doch, so lange es geht, zu Hause wohnen und nicht in einer Pflegeeinrichtung. Das ist nur zu verständlich. Aber wie soll das funktionieren, wenn es immer mehr ältere Menschen gibt, die das wollen – und gleichzeitig immer weniger jüngere Menschen, die sie dabei unterstützen können? Viele Technologien sind doch unproblematisch, wie beispielsweise Toiletten mit Duschfunktion, selbstabschaltende Herdplatten oder Sensormatten vor dem Bett. Aber sie können Menschen länger ein unabhängiges und selbstbestimmtes Leben ermöglichen. Außerdem kann man doch auch nachvollziehen, dass sich viele Menschen den Po lieber von einer Maschine als von einer Pflegekraft reinigen lassen möchten, wenn sie es nicht mehr selbst können.

Ja, Selbstbestimmung und eine möglichst selbständige Gestaltung des alltäglichen Lebens sind etwas Gutes. Und sie gehören normalerweise auch zu einem Leben in Würde. Aber manchmal habe ich den Eindruck, dass die Selbstbestimmung in vielen Selbstverständnissen und Menschenbildern heute einen übertrieben hohen Stellenwert bekommen hat. Dann geht es in die Richtung des gesellschaftlichen Ideals vom gesunden, starken, jungen, unabhängigen Menschen, über das wir vorhin gesprochen haben – dem niemand gerecht wird. Selbstbestimmung wird manchmal sogar einfach mit Menschenwürde gleichgesetzt. Aber sie ist nur ein Aspekt der Würde. Und sie hat Grenzen. Beispielsweise an der Selbstbestimmung anderer Menschen. Oder an anderen Aspekten der Würde, weshalb sich niemand selbst als Sklave verkaufen darf. Selbstbestimmung kann auch nicht als absolute Unabhängigkeit und beliebige

Handlungsfreiheit verstanden werden. Jeder Mensch ist immer von biologischen, physikalischen und materiellen Voraussetzungen abhängig – und natürlich auch von anderen Menschen. Das mussten wir alle durch die Corona-Pandemie und die damit verbundenen Einschränkungen einmal wieder schmerzlich erfahren. Wir sind verletzlich, sterblich und haben außerdem noch nicht einmal Einfluss auf unsere eigenen tiefsten Gefühle. Kurzum: Selbstbestimmung gibt es nur in beschränkter Form. Selbstbestimmt können wir nur in bestimmten Bereichen, in bestimmten Hinsichten und unter bestimmten Voraussetzungen sein. Und wenn in einem Leben die Spielräume der Selbstbestimmung kleiner werden, dann ist dieses Leben aus christlicher Sicht nicht weniger wert. Abhängigkeit gehört zum Leben, ob wir gesund sind oder krank. Das für sich zu akzeptieren, gehört genauso wie die Selbstbestimmung zu einem Leben in Würde. Darum widersprechen sich auch Selbstbestimmung und Fürsorge nicht, sondern sie ergänzen sich. Einerseits sind die Respektierung und Ermöglichung von Selbstbestimmung ein Ausdruck von Fürsorge. Andererseits setzt Selbstbestimmung Fürsorge voraus und muss durch sie ermöglicht werden. Wenn wir immer nur die Selbstbestimmung betonen, überfordern wir hilfebedürftige Menschen und drücken uns vor unseren Fürsorge-Pflichten.

Diesem Gedanken werde ich aus diakonischer Perspektive natürlich nicht widersprechen. Solange aus der Fürsorge keine Bevormundung wird, können sich Fürsorge und Selbstbestimmung ergänzen. Nehmen wir das Beispiel mit der Roboter-Robbe, von der ich eben erzählt habe. Wir wurden darin geschult, die nonverbalen Reaktionen der Bewohner und Bewohnerinnen mit Demenz wahrzunehmen und richtig zu deuten. Entsprechend konnten wir dann jeweils entscheiden, ob wir ihnen die Robbe auf die Brust legen sollen oder nicht. So hat unsere fürsorgende Aktivität Selbstbestimmung möglich gemacht. Punktuelle und begrenzte Selbstbestimmung. Ja, Selbstbestimmung ist immer begrenzt. Nicht nur bei Menschen mit Demenz. Ich könnte das an allen Arbeitsfeldern der Diakonie durchbuchstabieren. Aber genauso auch in meinem eigenen Leben. Unser Leben ist immer unvollkommen.

Der Theologe Henning Luther hat es so formuliert: Unser Leben ist immer ein Fragment. Es enthält ungenutzte Möglichkeiten, unverarbeitete Schuld, Erfahrungen des Scheiterns und des Verlusts. Unser fragmentarisches Leben ist niemals vollendet, auch dann nicht, wenn wir sterben. Darum ist es die Grundlage unserer Hoffnung. Außerdem ist unser fragmentarisches Leben angewiesen auf andere Menschen und ohne ein Gegenüber immer unvollständig. Darum ist es die Grundlage unserer Offenheit für andere und letztlich auch unserer Liebe. Unvollkommenheit ist also nichts Schlechtes, sondern die Voraussetzung der besten menschlichen Eigenschaften. Ideale von irdischer Vollkommenheit und Ganzheit sind nicht nur unrealistische Lebenslügen, sondern sie erdrücken uns und hindern uns am Leben. Durch unsere Augen betrachtet ist das Fragment unseres Lebens vielleicht traurig und schmerzhaft. Durch die Augen Gottes betrachtet ist das Fragment unseres Lebens ein Verweis auf unsere Bestimmung, ein Anlass zur Hoffnung, ein

Grund zum Aufatmen, weil Gott uns annimmt und liebt, obwohl wir so sind, wie wir sind.

Ich finde diese Botschaft sympathisch. Menschen dürfen unvollkommen sein. Sie müssen nicht erst perfekt werden, damit Gott sie lieben kann. Aber letztlich hängt deine ganze Argumentation doch daran, dass du behauptest, den Menschen durch die Augen Gottes betrachten zu können. Aber du bist ja nicht Gott. Woher willst du Gottes Gedanken über den Menschen kennen? Ist das nicht reichlich arrogant?

Bei unserem Gesprächsgang über Ethik vorhin hatten wir immer schon das christliche Menschenbild vorausgesetzt. Das haben wir anschließend reflektiert. Und bei unserem Gesprächsgang über das christliche Menschenbild eben haben wir immer schon die Persönlichkeit von Jesus Christus vorausgesetzt. Denn aus der Sicht des christlichen Glaubens lernen wir den Menschen durch die Augen Gottes zu sehen, wenn wir uns mit Jesus Christus beschäftigen.

Dann lass uns über Jesus Christus sprechen.

3. Jesus ist für mich geschichtlich weit entfernt, aber was in der Bibel über seinen Umgang mit Menschen steht, spricht mich an.

Immer einmal wieder steht in irgendwelchen Boulevard-Zeitschriften die Behauptung, dass es nicht sicher sei, ob Jesus vor zweitausend Jahren tatsächlich gelebt hat. Das ist allerdings Unsinn. Wir haben über ihn mehr schriftliche Informationen als über die meisten anderen Personen, die in der Antike lebten. Die brauchbarsten dieser Informationen wurden in Form der vier Evangelien in der Bibel über die Jahrhunderte bis heute überliefert.

Natürlich habe ich im Lauf meines Lebens viele Geschichten aus der Bibel irgendwo gehört. Vor allem in meiner Kindheit. Aber ich hatte nie das Bedürfnis, in diesem alten Buch zu lesen. Wenn ich überhaupt einmal im Urlaub zum Lesen komme, dann doch lieber gut geschriebene Romane. Ich muss auch nicht in einem Buch lesen, um zu wissen, wie ich leben soll. Es ist mir suspekt, wenn eine Religion eine Heilige Schrift hat und behauptet, sie wäre von Gott geschrieben oder diktiert. Dabei wissen wir doch heute, dass die Bibel von Menschen stammt. Und es wirkt auf mich eher unheimlich, wenn besonders fromme Christen und Christinnen so tun, als könnte die Bibel auf alle Fragen, die wir heute haben, eine unfehlbare Antwort geben. Dabei wissen wir doch heute, dass vieles, was in der Bibel steht, historisch oder na-

turwissenschaftlich falsch ist. Oder sogar ethisch fragwürdig, wenn man beispielsweise an Aufrufe an Frauen denkt, sich den Männern unterzuordnen. Auch die Geschichten, die über Jesus in den Evangelien stehen, sind doch wahrscheinlich nicht alle genau so passiert.

Die meisten Christen und Christinnen glauben schon lange nicht mehr, dass Gott die Bibel diktiert hat. Das muss auch niemand glauben. Das Christentum ist eine Religion, die auf der Zuversicht basiert, dass Gott selbst sich oder seinen Willen den Menschen auf irgendeine Weise mitteilt. Woher sollten die Menschen auch sonst etwas über Gott wissen? Muslime glauben, dass Gott sich durch ihre Heilige Schrift, den Koran, mitgeteilt hat. Aber Christen - außer sie sind Fundamentalisten - glauben nicht, dass sich Gott durch die Bibel mitgeteilt hat, sondern durch Jesus Christus. Durch die Bibel können wir heute etwas über diese Mitteilung erfahren. Darum ist sie für Christen und Christinnen das wichtigste Buch. Aber die Bibel ist nicht selbst die Mitteilung Gottes. Sie ist eine Sammlung sehr unterschiedlicher Schriften, in denen Menschen ihre religiösen Erfahrungen und Gedanken verarbeitet haben, geprägt von ihrer Zeit. Sie hat weder den Anspruch, ein naturwissenschaftliches oder geschichtswissenschaftliches Buch im modernen Sinne zu sein, noch ist sie ein unfehlbares ethisches Gesetzbuch. Aber die Romane, die du gerne liest, sind das ja alles auch nicht. Sie haben einen anderen Sinn, nämlich Entspannung und Unterhaltung. Den erfüllen sie. Und die Bibel hat wieder einen anderen Sinn: Wir erhalten Zugang zu Erfahrungen, die Menschen mit Jesus Christus, der Mitteilung Gottes, gemacht haben. Und zu Erfahrungen, die Juden und Christen ansonsten mit ihrem Gott gemacht haben.

Was du sagst, klingt ganz vernünftig, weil es einen unverkrampften und differenzierenden Umgang mit der Bibel erlaubt. Aber wie verhindert man, dass jeder sich die Stellen aus diesem dicken alten Buch heraussucht, die ihm gefallen, und den entsprechenden Inhalten einen religiösen Heiligenschein verpasst? Die Geschichte zeigt doch, dass mit Bibelstellen immer wieder Ideologien und die Unterdrückung von Menschen gerechtfertigt wurden.

Zunächst einmal ist die Bibel in der Tat inhaltlich ausgesprochen vielfältig. Die religiösen Erfahrungen, die Menschen in den tausend Jahren gemacht haben, in denen die biblischen Texte entstanden, waren sehr unterschiedlich. Ebenso die Gedanken, die sich die Menschen dazu gemacht haben und die wir in der Bibel finden. Und auch wenn sich alle Christen und Christinnen gemeinsam auf die Bibel beziehen, praktizieren sie unterschiedliche Frömmigkeitsformen und haben sie unterschiedliche theologische, ethische oder politische Überzeugungen. In dieser Vielfalt liegt zwar auch eine Gefahr von Beliebigkeit, die du zu Recht angesprochen hast. Aber es liegt darin auch ein großer Reichtum und eine gute Schule für Toleranz. Der Reformator Martin Luther hat einen konstruktiven Vorschlag gemacht, wie man mit der inhaltlichen Vielfalt der Bibel umgehen sollte. Er ist davon ausgegangen, dass es für Christen in der Bibel zentral um Jesus Christus geht. Und im Rahmen seiner intensiven Bibellektüre erkannte er, dass die biblische Botschaft von

Jesus Christus noch einmal einen inhaltlichen Kern hat. Nämlich, dass Gott alle Menschen bedingungslos liebt. Obwohl sie seine Liebe nicht verdient haben und ohne dass sie sich seine Liebe verdienen müssen. Und dass ein Mensch diese Liebe erfahren kann, wenn er Gott vertraut. Diese Botschaft sollten wir als das inhaltliche Zentrum der Bibel behandeln. Und als den Maßstab dafür, wie wir mit einzelnen Bibelstellen umgehen: zustimmend oder ablehnend. Dann ist zwar das Risiko, dass unterdrückerische Ideologien mit Bibelstellen begründet werden, nicht völlig aus der Welt geschafft, aber es wird kleiner.

Du hast gesagt, dass wir die Bibel brauchen, um etwas über Jesus wissen zu können. Aber du hast eben auch eingeräumt, dass die Bibel kein modernes Geschichtsbuch ist. Wir können uns also nicht darauf verlassen, dass das, was dort steht, auch wirklich so passiert ist. Ist das nicht unbefriedigend, wenn doch der Ausgangspunkt der christlichen Religion in der Annahme besteht, dass diese Person selbst die Mitteilung Gottes an die Menschheit ist?

Tatsächlich war den Autoren der Evangelien, also den biblischen Erzählungen von Jesus Christus, die Unterscheidung zwischen der Darstellung der historischen Persönlichkeit einerseits und der Deutung in der Perspektive ihrer Glaubenserfahrung andererseits nicht wichtig. Das ist eine neuzeitliche Unterscheidung.

Aber ich lebe ja in der Neuzeit und nicht in der Antike. Also ist mir diese Unterscheidung wichtig. Mich interessiert ganz besonders die historische Persönlichkeit Jesus. Was wissen wir wirklich über diese Person? Dass er tatsächlich gelebt hat, glaube ich dir. Aber was wissen wir noch?

Wir wissen, dass er ungefähr im Jahr 5 vor Christus in Nazareth geboren wurde und Jude war. Seine Eltern waren der Zimmermann Josef, ein Nachfahre König Davids, und seine Frau Maria. Mit etwa dreißig Jahren ließ er sich von dem Prediger Johannes taufen und zog dann für einige Jahre als Wanderprediger und Arzt durch Galiläa. Bei der armen Landbevölkerung war er beliebt. In seiner Botschaft ging es insbesondere um den Plan Gottes mit der Welt. Und er war davon überzeugt, eine wichtige Rolle in Gottes Plan zu spielen. Ethische Regeln waren ihm wichtiger als religiöse Reinheitsregeln. Er wandte sich Menschen zu, mit denen sonst niemand etwas zu tun haben wollte. Durch sein Auftreten provozierte er religiöse und politische Machthaber. Ungefähr im Jahr 30 nach Christus wurde er von den Römern durch Kreuzigung hingerichtet.

Jesus ist für mich geschichtlich weit entfernt, aber was in der Bibel über seinen Umgang mit Menschen steht, spricht mich an. Ich erinnere mich an Geschichten, in denen er mit ausgegrenzten Menschen geredet und gegessen hat. Er hat sich also über gesellschaftliche Vorurteile hinweggesetzt. Das ist auch heute noch etwas Besonderes. Mit wem würde er wohl heute reden und essen? Mit wem will heute niemand - auch niemand in der Kirche - etwas zu tun haben? Der Kampf gegen Vorurteile ist ein wichtiges Aufgabenfeld der Diakonie. Aber wer sich über Vorurteile hinwegsetzt, wird selbst zum

Opfer von Vorurteilen. Darum ist es nicht verwunderlich, dass Jesus viele Feinde hatte. Oft haben Vorurteile etwas damit zu tun, dass Menschen sich durch die Abwertung anderer Menschen selbst aufwerten möchten. Dass sie eigene Unsicherheiten loswerden möchten, indem sie andere zu Sündenböcken machen. Wenn die Botschaft Jesu stimmt, dass Gott die Menschen bedingungslos annimmt, dann muss man vielleicht auch nicht mehr nach Möglichkeiten dafür suchen, sich auf Kosten anderer aufzuwerten. Wir haben vorhin gesagt, dass es darum geht, zu versuchen, andere Menschen durch die Augen Gottes zu sehen. Man könnte vielleicht ergänzen: anstatt durch die Brille der Vorurteile. Hier war Jesus wirklich ein Vorbild. Außerdem hat er Kranken geholfen. Ich glaube zwar nicht an Wunder, aber ich kann mir gut vorstellen, dass er Menschen im Rahmen der damaligen medizinischen Möglichkeiten geholfen hat. Auch die heutige Medizin kann ja nicht alles. Jesus war also so etwas wie ein Diakon.

Tatsächlich hat sich Jesus sogar selbst als Diakon bezeichnet. Aber der Begriff meinte damals etwas anderes als heute. Ursprünglich bedeutete das Wort Diakon so viel wie Beauftragter. Als Jesus sich als Diakon bezeichnete, meinte er, dass er im Auftrag Gottes handelt. Erst später veränderte sich die Wortbedeutung in die Richtung von Sozialer Arbeit. Trotzdem stand das, was wir heute Diakonie nennen, offensichtlich im Mittelpunkt der Aktivitäten Jesu. Jesus half Menschen, ermutigte sie, wandte sich ihnen zu, setzte sich für sie ein und befähigte sie. Er erzählte die Geschichte vom barmherzigen Samariter als Paradebeispiel ethisch guten

Handelns. Und in seiner berühmten Weltgerichtserzählung nennt er als die Dinge, die im Leben der Menschen rückblickend wirklich zählen: Hungrigen zu essen geben, Durstigen zu trinken geben, Fremde aufnehmen, Nackten Kleidung geben, Kranke und Gefangene besuchen. Also wenn Jesus kein Diakon auch im heutigen Sinne war, dann weiß ich auch nicht. Du sagst, dass du nicht an Wunder glaubst. Wenn du damit meinst, dass du nicht davon ausgehst, dass Gott auf übernatürliche Weise in den Lauf der Welt eingreift, dann glaube ich auch nicht an Wunder. Warum sollte er die Naturgesetze außer Kraft setzen, die er sich selbst als verlässliche Wohltat für seine Geschöpfe ausgedacht hat? Aber meistens meint der Ausdruck Wunder in der Bibel etwas anderes. Nämlich eine überraschende, unwahrscheinliche Fügung, für die man dankbar ist. Und solche Wunder haben wir wahrscheinlich beide schon erlebt. Und auch die Menschen, denen Jesus geholfen hat. Jesus hat übrigens nach Krankenheilungen nie behauptet, dass er ein Wunder vollbracht hätte. Stattdessen hat er immer zu den Geheilten gesagt: Dein Glaube, also dein Vertrauen, hat dir geholfen.

Da läuten bei mir die Alarmglocken. Was macht so eine Aussage mit Menschen, die krank sind oder eine Behinderung haben? Sind diese Menschen selbst schuld an ihrer Krankheit oder Behinderung, weil sie nicht genug glauben oder vertrauen können? Warum schenkt Gott ihnen keine überraschende, unwahrscheinliche Fügung, für die sie dankbar sein können? Sind auch sie von Gott bedingungslos angenommen? Oder ist Gott gegen sie, weil er anscheinend gegen

Krankheit und Behinderung ist, aber sich die Krankheit und die Behinderung vom Leben mancher Menschen nicht trennen oder wegbeten lassen?

Das sind sehr berechtigte Fragen. Aber die Geschichte Jesu besteht nicht nur aus Heilungen und dankbarer Freude. Jesus betet vor seiner Kreuzigung selbst, dass der Kelch an ihm vorübergehen soll, aber vergeblich. Er, der das am allerwenigsten verdient hat, wird grausam gefoltert und ermordet. Am Kreuz schreit er: Mein Gott, warum hast du mich verlassen? Jesus weiß genau, was Schwäche, Hilflosigkeit, Schmerzen und Leiden bedeuten. Er ist gerade nicht der starke und perfekte Held, den von hilfebedürftigen und leidenden Menschen eine unüberbrückbare Kluft trennt. Alle Menschen sind in ihrem Leben stets mehr oder weniger hilfebedürftig und leidend. Und gerade dann, wenn es ihnen besonders schlecht geht, sind sie Jesus besonders ähnlich und besonders nah – und aus christlicher Sicht also auch Gott. Das Vertrauen darauf, dass Menschen nicht durch ihre unvollkommenen Eigenschaften definiert sind, sondern dadurch, dass Gott Ja zu ihnen sagt, kann Mut machen. Mut zu einem Leben mit Krankheit, mit Behinderung oder mit anderen Herausforderungen. Obwohl man auf viele Fragen keine Antwort hat – und das einen manchmal verrückt macht. Die Theologin Nancy Eiesland ging sogar noch weiter und sprach vom behinderten Gott. Ausgehend vom durch Folter beeinträchtigten Körper Jesu erinnerte sie an Gottes Identifikation mit Menschen mit Behinderung. Sie begründete die Würde von Menschen mit Behinderung im Symbol des behinderten Gottes. Und sie plädierte dafür, Behinde-

! Das verharmlost doch die Probleme & Ausgrenzung die Menschen mit Beh. erfahren!

rungen als Besonderheiten zu verstehen, die auch im Himmel bestehen bleiben.

Gott solidarisiert sich mit Menschen mit Behinderung. Das klingt richtig und kann hoffentlich Menschen mit Ausgrenzungserfahrungen dabei helfen, mit Gott und der Kirche wieder ins Reine zu kommen. Es ist auch unbedingt positiv zu bewerten, wenn durch solche theologischen Ansätze in der Kirche inklusives Denken verstärkt wird – anstatt Menschen mit Behinderung immer nur durch die Wohltätigkeitsbrille zu sehen. Aber warum sollte die Kreuzigung Gott zum Behinderten machen? Und wir haben doch vorhin festgestellt, dass unsere Würde nicht von unseren Eigenschaften abhängt. Also kann man sie weder wegen einer Behinderung infrage stellen noch an der Behinderung festmachen. Und natürlich sind Behinderungen Besonderheiten. Aber es gibt schwere Behinderungen, unter denen Menschen unglaublich leiden. Solchen Betroffenen zu sagen, dass ihre Situation nicht so schlimm ist, und ihnen sogar noch die Hoffnung auf eine Verbesserung im Himmel zu nehmen – das wirkt auf mich fast ein wenig zynisch. Vielleicht muss man auch gar nicht immer gleich von der Folter und Ermordung Jesu sprechen, wenn man seine Nähe zu den einfachen und schwachen Menschen betonen möchte. In jedem Weihnachtsgottesdienst geht es doch in der Predigt darum, dass Maria und Josef keine Herberge gefunden haben. Und dass darum Jesus in einem schmutzigen Stall geboren wurde. Und dann wurde er nicht in eine Wiege, sondern in eine Futterkrippe gelegt. Das war für mich in der Zeit, in der ich an Weihnachten noch immer in die Kirche gegangen bin, fast schon etwas langweilig. Weil es immer das Gleiche war. Und dann wurde um Mitleid für die Armen geworben. Und weder die Pfarrperson noch die Eltern der Kinder, die das Krippenspiel aufführten, wollten in Wirklichkeit irgendetwas mit Armen zu tun haben. Aber das ändert nichts daran, dass das ein tolles Bild ist. Wenn man glaubt, dass Jesus Gott ist, dann kommt Gott als Baby in einem schmutzigen Stall zur Welt. Da ist er wirklich mitten in der Welt und nah bei den Menschen. Eine tolle theologische Begründung für gemeinwesendiakonisches Engagement, sofern man eine Begründung braucht.

Du hast Recht. Die Geschichte von der Geburt im Stall in Bethlehem ist zwar kein historischer Bericht. Aber sie ist ein großartiges Symbol für die spezifisch christliche Gottesvorstellung. Gott wird zum Kind, zum unvollkommenen, hilfebedürftigen Wesen. Wer Gott sucht, muss ihn also bei den Unvollkommenen und Hilfebedürftigen suchen. Gott ist Mensch geworden und mitten in die Welt gekommen. Wer Gott sucht, muss ihn also mitten in der Welt suchen. Wer Jesus nachfolgen will, muss ihm mitten in die Welt nachfolgen, muss solidarisch mit anderen Menschen werden. Jesus sagt: Wenn ihr den Armen und Kranken geholfen habt, dann habt ihr mir geholfen. Jesus identifiziert sich mit den Armen und Kranken. Gott identifiziert sich mit den Armen und Kranken. Wer Gott begegnen will, muss die Begegnung mit Armen und Kranken suchen. Wer sich diakonisch engagiert, ist also auf jeden Fall auf dem richtigen Weg.

Die Gleichsetzung von Jesus und Gott geht mir gerade etwas zu schnell. Jesus war ein guter Mensch, der vor zweitausend Jahren gelebt hat. Ob es Gott gibt, weiß ich nicht. Wie kommen Christen und Christinnen auf die Idee, dass Jesus Gott ist?

Der Gedanke, dass uns im guten Menschen Jesus Gott selbst begegnen soll, ist wirklich eigentlich etwas merkwürdig. Das passt auf den ersten Blick nicht zur Geburt unter Armutsverhältnissen. Das passt erst recht nicht zur Hinrichtung am Kreuz. Verständlicherweise sind sogar seine besten Freunde nach dieser Katastrophe erst einmal enttäuscht weggelaufen. Überraschenderweise behaupteten dieselben Personen ein paar Tage später, ihnen wäre der auferstandene Jesus begegnet. Und sie behaupteten, er wäre der Erlöser, er wäre der Sohn Gottes, er wäre der göttliche Herr. Obwohl Jesus sich selbst nicht Gott genannt hatte. Obwohl für fromme Juden - und das waren Jesus und seine Freunde - der Gedanke, dass ein Mensch zugleich Gott sein könnte, eigentlich völlig absurd erschien. Noch dazu ein als Verbrecher Hingerichteter? Einer, der tagelang tot war? Eine wirklich merkwürdige Gottesvorstellung. Wie ist es dazu gekommen? Die Freunde haben eine religiöse Erfahrung gemacht. Sie hatten ein religiöses Aha-Erlebnis. Das ließ sie die Kreuzigung in einer neuen Perspektive sehen. Vorher sah es so aus, als sei Jesus gescheitert. Als wäre die Botschaft, die er gepredigt und gelebt hat, zwar schön, aber leider falsch. Gott liebt die Menschen anscheinend doch nicht bedingungslos. Nächstenliebe ist anscheinend doch keine so gute Idee. Der Mensch sollte seine Bestimmung anscheinend doch in etwas anderem als in einem Leben in Gemeinschaft und Beziehung suchen. Arme, Kranke und Schwache sollten sich anscheinend doch lieber keine falschen Hoffnungen machen. Der tiefere Sinn, von dem Jesus gesprochen hatte, war anscheinend durch die Kreuzigung widerlegt. Aber nach ihrem religiösen Aha-Erlebnis spürten die Freunde ein Vertrauen darauf, dass dieser tiefere Sinn nicht widerlegt war. Sondern dass sich dieser tiefere Sinn ihnen in Jesus selbst mitgeteilt hat. In seinen Worten, in seinen Taten, aber auch in seinem Sterben. Und dass dieser tiefere Sinn sogar stärker als der Tod ist.

Aber wie willst du beweisen, dass dieses religiöse Aha-Erlebnis, wie du es nennst, nicht bloß eine Einbildung war, Ausdruck eines gemeinsamen Wunschdenkens? Das wäre ja angesichts ihrer verzweifelten Situation nur allzu verständlich gewesen.

Das kann ich nicht beweisen. Das kann ich nur hoffen. Und du auch. Entweder hat man andere Vorstellungen vom tieferen Sinn als Jesus oder man findet seine Botschaft ansprechend. Wenn man seine Botschaft ansprechend findet, so wie du es gesagt hast, dann kann man entweder darauf vertrauen, dass sie dem tieferen Sinn entspricht, der hinter allem steht und sich irgendwann durchsetzen wird. Oder man zweifelt daran. Im Leben eines Christen oder einer Christin wechseln sich Vertrauen und Zweifel ständig ab. Man kann es sich nicht aussuchen, ob man gerade darauf vertrauen kann. Wenn man darauf vertrauen kann, ist das ein Geschenk – jeden Tag neu. Das Vertrauen kann einem Kraft geben, wenn man täglich mit Umständen kämpft, die es schwer machen, Gemeinschaft und Beziehung zu leben, die Würde von Menschen zu verteidigen, eigenes oder fremdes Leid auszuhalten. Zum Beispiel in der diakonischen Arbeit.

Wer dieses Vertrauen nicht hat, muss für sich eine andere Quelle finden, die ihm die Kraft gibt, mit diesen Herausforderungen fertigzuwerden. Das klingt mir gerade alles zu sehr nach einem Bekehrungsversuch. Deine Formulierung, dass sich bei Jesus so etwas wie der tiefere Sinn unseres Lebens gezeigt hat, ist halbwegs verständlich. Aber die Kirche hat doch ganz andere Dinge über Jesus gelehrt. Beispielsweise dass er von einer Jungfrau geboren wurde, dass er der Sohn Gottes ist oder dass er zwei Naturen hat. Lauter merkwürdige Dogmen, die nichts mit seiner Botschaft zu tun haben. Und dann wurden jahrhundertelang auch noch alle, die irgendeines dieser Dogmen kritisiert haben, als Ketzer und Ketzerinnen verfolgt.

Das Vertrauen einiger Menschen darauf, dass Jesus nicht nur irgendein gescheiterter Prediger war, sondern dass sich in seiner Person der tiefere Sinn des Lebens, also Gott selbst verlässlich mitteilt, war nicht weniger als der Ausgangspunkt einer neuen Religion. Es entstanden theologische Texte, die dieses religiöse Aha-Erlebnis verarbeiteten. Die beliebtesten dieser Texte wurden später in Form des Neuen Testaments zusammengefasst. In diesen Texten wurden verschiedene Symbole und bildliche Ausdrücke verwendet, um diesen ganz neuen Grundgedanken zum Ausdruck zu bringen, der sich nur schwer in Worte fassen lässt. Die Jungfrauengeburt ist ein solcher bildlicher Ausdruck, genauso wie die Rede vom leeren Grab oder der Ausdruck Sohn Gottes. Bildliche Ausdrücke sollte man nicht unbedingt wörtlich nehmen. Wenn man beispielsweise die Jungfrauengeburt als biologische Tatsache verstehen würde, wäre Jesus eine Art mythischer Halbgott.

Aber kann jemand, der das so sieht, überhaupt noch im Gottesdienst das Glaubensbekenntnis mitsprechen? Da heißt es doch: Ich glaube an Jesus Christus, geboren von der Jungfrau Maria – oder so ähnlich. Und kann man die offizielle Sichtweise der Kirche einfach ignorieren?

Natürlich können einzelne Gläubige nur jeweils für sich selbst entscheiden, welche Sätze des Glaubensbekenntnisses sie mitsprechen möchten und wie sie diese Sätze theologisch deuten. Aber ich zum Beispiel würde den Jungfrauen-Satz mitsprechen. Und ich würde ihn dabei nicht biologisch interpretieren, sondern als bildlichen Ausdruck dafür, dass uns in Jesus wirklich Gott begegnet und dass diese Mitteilung nicht durch Menschen möglich wurde, sondern durch Gott selbst. Und die eine offizielle Sichtweise der Evangelischen Kirche gibt es gar nicht. Wir haben ja vorhin schon darüber gesprochen, dass aus evangelischer Sicht alle Menschen, auch Bischöfe und Bischöfinnen, begrenzt und fehlbar sind. Wir haben den unfehlbaren Papst abgeschafft und halten stattdessen das individuelle Gewissen hoch. Jedenfalls wurden damals die Anhänger und Anhängerinnen der neuen Religion des Christentums von den Menschen in ihrer Umgebung gefragt, was genau sie glauben – und was nicht. Sie mussten sich auch abgrenzen von anderen religiösen Vorstellungen, sonst hätten sie als Gruppe nicht überlebt. Dass diese Abgrenzung in der Kirchengeschichte immer wieder zur Verfolgung Andersdenkender führte, ist schrecklich. Zunächst jedoch wurden die Christen und Christinnen selbst verfolgt. Nicht zuletzt aufgrund von Vorurteilen, die aus der Unverständlichkeit ihrer Lehre resultierten. So diskutierten sie intensiv darüber, wie sie ihre Lehre in unmissverständliche Worte fassen könnten, insbesondere das Verhältnis von Jesus und Gott. Sie wollten sagen, dass Jesus einerseits wirklich ein Mensch wie du und ich war. Und dass andererseits wirklich Verlass darauf ist, dass wir es bei Jesus mit Gott zu tun haben, der uns seine bedingungslose Liebe zeigt. Sie formulierten ihr Dogma so: Jesus ist wahrer Gott und wahrer Mensch, indem er zwei Naturen in sich vereint, die unvermischt, unverwandelt, ungetrennt und unzerteilt sind. Dummerweise sind das Begriffe aus philosophischen Strömungen der Antike, die zwar damals jeder kannte, aber die heute niemand mehr versteht. Zum Glück sind Dogmen aus evangelischer Sicht keine Glaubensvorgaben, sondern Unterstützungsangebote beim Nachdenken über den Glauben. Wir dürfen nach neuen Formulierungen suchen, die heute verständlich sind.

Es ist ja schön, dass wir das dürfen. Aber muss man nicht Theologie studiert haben, um das zu können? Zumindest muss man gebildet sein und eine Affinität zu Texten haben. Was ist mit den sieben Millionen funktionalen Analphabeten in Deutschland? Was ist mit Menschen, gerade unter den Adressaten und Adressatinnen der Diakonie, die ihre Reli-

giosität eher durch Lieder, Tänze und Rituale oder vielleicht auch durch politische Demonstrationen ausleben wollen und können? Was ist mit Menschen, die ihren christlichen Glauben durch praktisches soziales Handeln zum Ausdruck bringen, wie die Mitarbeitenden der Diakonie? Ist die einseitige Fokussierung auf das geschriebene und gesprochene Wort, auf komplizierte theologische Reflexionen, nicht ein echtes Problem im westlichen Christentum, vor allem im evangelischen Bereich? Deine letzten Ausführungen sind ein gutes Beispiel dafür. Werden dadurch nicht bestimmte Machtverhältnisse im Bereich der Religion aufrechterhalten? Werden dadurch nicht Menschengruppen stigmatisiert und ausgegrenzt?

Dazu kann ich nur sagen: Du hast Recht. Hier haben Theologen und Theologinnen allen Grund zum selbstkritischen Nachdenken.

Immer wieder haben wir nun darüber gesprochen, dass Christen und Christinnen glauben, dass Gott sich selbst in der Person Jesu den Menschen mitgeteilt hat. Was bedeutet das eigentlich für das Verhältnis zu Angehörigen anderer Religionen? Hat sich Gott diesen Menschen auf andere Weise mitgeteilt? Oder unterstellt man ihnen, dass sie religiös im Dunkeln tappen, solange sie nicht an Jesus glauben?

Als Jude ging Jesus selbst sicherlich davon aus, dass sich Gott auch auf andere Weise mitteilt, beispielsweise durch die Schöpfung oder durch die Propheten. Es spricht aus christlicher Sicht nichts gegen die Annahme, dass Gott sich und seinen Willen auf vielerlei Weise mitteilen kann. Im interreligiösen Dialog zeigt sich, dass zwischen den großen Religionen viele Gemeinsamkeiten bestehen und dass man im Gespräch voneinander lernen kann.

So wie im buddhistischen Elefantengleichnis, in dem blinde Menschen einen Elefanten betasten. Jeder fühlt ein anderes Körperteil und hält es für das Ganze. Aber jeder hat eben nur einen Teil der Wahrheit erkannt und niemand das Ganze. Darum ist es nicht sinnvoll, sich über Vorstellungen von Gott oder religiöse Fragen zu streiten.

Dieses Gleichnis hat allerdings einen großen Schwachpunkt. Derjenige, der es erzählt, maßt sich an, die ganze Wahrheit zu erkennen. Sonst könnte er nicht beurteilen, ob die blinden Menschen sich jeweils irren und warum. Genau dieser Schwachpunkt findet sich immer in den Behauptungen, dass es keine Wahrheit gebe oder dass es nicht sinnvoll sei, über Wahrheitsfragen zu streiten. Wenn ich sage, dass Gott sich auf vielerlei Weise mitteilen kann und dass sich in verschiedenen Religionen Wahres finden lässt, dann meine ich damit nicht, dass es keine Wahrheit gibt oder dass alle Religionen gleich weit von der Wahrheit entfernt sind. Als wir vorhin über Ethik gesprochen haben, habe ich schon einmal betont, dass sich eine eigene feste Überzeugung und Respekt vor Menschen mit anderen Überzeugungen nicht gegenseitig ausschließen. Im Gegenteil. Gerade weil ich weiß, wie es sich anfühlt, auf eine religiöse Wahrheit zu vertrauen, kann ich gar nicht anders, als Menschen zu respektieren, die auf eine andere religiöse Wahrheit vertrauen. Manchmal stellt sich heraus, dass der Gesprächspartner oder die Gesprächspartnerin das Gleiche glaubt und nur andere Begriffe dafür benutzt. Manchmal stellt sich aber auch heraus, dass man sich an unterschiedlichen oder sogar gegensätzlichen Vorstellungen orientiert. Die Behauptung, dass letztlich alle Menschen dasselbe glauben, erscheint mir als naiv. Ganz offensichtlich gibt es Religionen und Weltanschauungen, die ganz andere Vorstellungen vom tieferen Sinn oder von der Bestimmung und der Würde des Menschen haben als das Christentum. Diese Vorstellungen können also nicht alle gleich wahr sein.

Aber du kannst nicht beweisen, dass deine Vorstellung die wahre ist.

Natürlich nicht. Ich kann nicht wissen, ob sich dasjenige, worauf ich vertraue, schlussendlich als vertrauenswürdig erweisen wird. Das gilt für eine Freundschaft, eine Partnerschaft oder eine Vorstellung vom tieferen Sinn gleichermaßen. Aber auf irgendetwas vertraut man immer. Und das sucht man sich nicht aus wie ein Paar Socken aus dem Kleiderschrank. Vertrauen entsteht, wenn wir das Gefühl haben, dass jemand oder etwas vertrauenswürdig ist. Manchmal wird uns das in Form eines Aha-Erlebnisses klar. Durch gute Erfahrungen wächst Vertrauen. Wenn in mir beispielsweise Vertrauen darauf gewachsen ist, dass uns in Jesus und seiner Botschaft der tiefere Sinn des Lebens begegnet und ich folglich auf dieser Grundlage mein Leben gestalte, dann kann ich nicht mehr einfach dahinter zurückgehen. Dann kann ich nicht mehr davon ausgehen, dass andere Sinnvorstellungen genauso weit von der Wahrheit entfernt sein sollen wie meine eigene. Solange jemand davon ausgeht, hat sich bei ihm offenbar kein Vertrauen in eine der Alternativen entwickelt. Das ist nichts, was man jemandem vorwerfen kann. Genauso wenig wie man es jemandem vorwerfen kann, dass sich ihm in seiner bisherigen Lebenserfahrung etwas anderes als vertrauenswürdig erwiesen hat als einem selbst. Oder dass sein Vertrauen enttäuscht wird, zerbricht oder sich verlagert. Für Christen und Christinnen ist die Mitteilung Gottes in der Person Jesu der Maßstab, an der alle anderen tatsächlichen oder behaupteten Mitteilungen Gottes gemessen werden. Gebe ich diesen Maßstab auf, verleugne ich meine Identität als Christ. Wenn mir jemand erzählt, dass Gott ihm gesagt habe, er solle seine Mitmenschen hassen, dann kann ich als Christ nicht antworten: Vielleicht war das eine Botschaft Gottes, vielleicht auch nicht. Wenn ich wirklich darauf vertraue, dass wir in Jesus dem wahren Gott begegnen, dann kann ich nicht anders als meinem Gesprächspartner zu antworten: Nach meiner Überzeugung war es nicht Gott, der dir diese Botschaft gegeben hat.

Das Wichtigste aus meiner Sicht wäre, dass ihr dieses Gespräch respektvoll und friedlich führt. Aber wenn es um Religion geht, also um den tieferen Sinn, dann wird es schnell emotional – und leider auch aggressiv. Ist ja auch klar. Wer lässt schon gerne die Grundlage seines gesamten Lebensentwurfs in Frage stellen? Es würde alles einfacher, wenn die Christen und Christinnen ihren Glauben weniger mit Worten und dafür mehr mit Taten zum Ausdruck bringen würden. Kaum jemand hört gerne selbstgerechte Bekenntnisse oder

Bekehrungspredigten. Aber fast jeder freut sich über Zuwendung, Annahme, Unterstützung und Liebe. Die Diakonie macht vor, wie es geht. Daraus kann sich doch auch am ehesten Vertrauen in die Botschaft entwickeln, dass der Sinn des Lebens etwas mit Gemeinschaft und Beziehung, Liebe und unbedingter Würde zu tun hat. Eigentlich kann es sich sogar nur durch solche Erfahrungen entwickeln, oder? Deswegen hat Jesus auch nicht nur geredet, sondern Menschen zum Essen eingeladen und sie verarztet. Bei uns im Mehrgenerationenhaus bemühen wir uns um eine Atmosphäre, in der sich jeder und jede willkommen fühlt. Hier können Menschen, denen wenig zugetraut wird, erleben, dass sie etwas können. Beispielsweise samstags beim Handykurs von Jugendlichen für Senioren und Seniorinnen. Und hier können einsame Menschen Gemeinschaft erleben. Beispielsweise donnerstags beim gemeinsamen Kochen. Faktisch leben und vermitteln die freiwillig Engagierten unserer Kochgruppe Vertrauen in die Sinnvorstellung, die Jesus vorgelebt hat. Auch wenn sie es nicht wissen. Auch wenn sie keine Christen und Christinnen sind. Da haben wir wohl wieder das, was du vorhin anonyme Diakonie genannt hast?

Genau. Man könnte sogar von anonymen Christen und Christinnen sprechen.

Diese Formulierung kommt mir aber ganz schön übergriffig vor. Ich glaube nicht, dass eine Muslima damit einverstanden wäre, wenn du sie wegen ihrer Menschenfreundlichkeit als anonyme Christin bezeichnest.

Wahrscheinlich würde ich es ihr gegenüber auch nicht so formulieren. Ich meine es so: Ich bin davon überzeugt, dass eine bestimmte Sinnvorstellung, eine bestimmte Bestimmungsvorstellung und ein bestimmtes Menschenbild richtig, wahr beziehungsweise angemessen sind. Nämlich diejenigen, die Jesus vorgelebt hat. Wenn jemand durch sein Leben zeigt, dass er diese Vorstellungen teilt, dann ist es nicht wichtig, ob er sich selbst noch zusätzlich als Christ versteht oder nicht. Er lebt ja schon das, worum es im Christsein geht. Und wenn Gott die Liebe ist und das Vertrauenkönnen auf die Liebe ein Geschenk Gottes, dann ist Gott eben überall dort gegenwärtig, wo wir Liebe finden. Ob sich die betroffenen Menschen dessen bewusst sind oder nicht. Jesus sagt: Ich bin der Weg und die Wahrheit und das Leben. Niemand kommt zum Vater außer durch mich.

Damit werden alle anderen ausgegrenzt.

Eben nicht. Man kann diese Aussage genauso gut auch umgekehrt verstehen: Überall dort, wo Menschen zum Vater kommen, also den wahren Sinn des Lebens verstehen und auf die Liebe vertrauen, ist die Botschaft Jesu richtig angekommen. Überall dort muss Jesus seine Hände im Spiel gehabt haben. Überall dort finden Christen und Christinnen Geschwister im Geist und können sich freuen, dass diese auch den Weg, die Wahrheit und das Leben gefunden haben – welcher Religion sie auch immer offiziell angehören mögen.

Dem inhaltlichen Grundgedanken kann ich zustimmen. Was ich wieder nicht verstehe: Warum musst du auf alles, was du gut findest, das Etikett christlich kleben? Warum müssen alle guten Menschen unbedingt in deinem Kopf in die Kirche aufgenommen werden? Aber wenn das stimmt, was du sagst, dann frage ich mich, warum es die so genannte ACK-Klausel gibt. In der Diakonie dürfen nur Menschen beschäftigt werden, die Mitglied einer christlichen Kirche sind. Einmal wollte ich eine muslimische Bewerberin im Arbeitsfeld der Migrationsberatung einstellen. Da musste ich einen Ausnahmeantrag stellen. Der wurde sogar bewilligt. Aber sie durfte sich nicht in die Mitarbeitervertretung wählen lassen, wurde also als Mitarbeitende zweiter Klasse behandelt. Vor kurzer Zeit wurde diese Richtlinie zum Glück aufgeweicht. Jetzt sind Ausnahmen leichter möglich - außer bei so genannten verkündigenden Tätigkeiten. Eigentlich ist diese Unterscheidung auch fragwürdig. Wir haben ja eben noch festgestellt, dass alle in der Diakonie die christliche Botschaft verkündigen - nur eben nicht mit Worten. Aber trotz aller Lockerungen ist die Grundregelung nach wie vor in Kraft: Wer in der Diakonie arbeiten will, sollte Mitglied einer christlichen Kirche sein. Widerspricht das nicht dem Gedanken, dass Gott überall dort gegenwärtig ist, wo wir Liebe finden, wie du es ausgedrückt hast? Können sich diejenigen, die diese Richtlinie formuliert haben, nicht vorstellen, dass es Christen und Christinnen ohne Kirchenmitgliedschaft gibt? Können sie sich nicht vorstellen, dass Muslime und Musliminnen oder Humanisten und Humanistinnen gute diakonische Arbeit leisten könnten? Aber dabei beweist doch ein Blick in jede beliebige diakonische Einrichtung das Gegenteil.

Schon wieder einmal hast du völlig Recht. Eine Regel, nach der weder der barmherzige Samariter noch Jesus selbst bei der Diakonie mitarbeiten dürften, kann nicht vernünftig sein.

Die gegenwärtige Aufweichung dieser Richtlinie hat wahrscheinlich noch nicht einmal etwas damit zu tun, dass die betreffenden Personen darüber nachgedacht hätten, so wie wir jetzt. Es sind die kaufmännischen und die juristischen Vorstände, die dafür gesorgt haben. Weil man sonst nicht mehr genug Fachkräfte findet. Und weil man Angst hat, dass immer mehr abgelehnte Bewerber und Bewerberinnen erfolgreich vor Gericht wegen Diskriminierung klagen. Vor einigen Jahren, als der Fachkräftemangel noch nicht so ausgeprägt war, habe ich sogar einmal miterlebt, dass einem Kollegen in der Tagesstätte für Menschen mit seelischer Behinderung nach der Probezeit gesagt wurde: Wenn du hier weiterhin arbeiten möchtest, musst du dich taufen lassen und Kirchenmitglied werden. Das hat er dann gemacht, weil er gerne auf dieser Stelle gearbeitet hat. Aber ich empfand es als unmöglich und als einen Ausdruck von Machtmissbrauch, einen Menschen dazu zu nötigen, sich taufen zu lassen.

Es sollte der Kirche nicht darum gehen, eine möglichst dicke Mitgliederkartei zu haben, sondern darum, dass in möglichst vielen Menschen das Vertrauen in die Botschaft wächst, dass die Liebe der tiefere Sinn des Lebens ist. Die Liebe, die Jesus vorgelebt hat. Durch Zwang, Nötigung und Anreize zur Heuchelei kann sicher kein solches Vertrauen entstehen und wachsen. Ganz im Gegenteil. Auf diese Weise wird solches Vertrauen verhindert und erschwert. Das ist das Schlimmste, was passieren kann. Denn dieses Vertrauen ist der Kern der Bestimmung des Menschen. Wenn es stimmt, dass in der Person Jesu Gott selbst Mensch geworden ist, dann erkennen wir in Jesus sowohl wie Gott wirklich ist als auch wie der Mensch wirklich sein sollte. Also die Bestimmung des Menschen. Diese Bestimmung liegt in einem Leben in Gemeinschaft und Beziehung – einerseits zu anderen Menschen, andererseits zu Gott. Jesus zeigt uns, dass diese Gemeinschaft und Beziehung nicht irgendeinen Charakter haben soll, sondern Liebescharakter. Gemeinschaft zu Gott bedeutet Vertrauen auf die Liebe als den tieferen Sinn des Lebens. Das ist die Grundlage für ein Leben mit Liebescharakter. Und für die neue Perspektive, in der wir uns selbst und unsere Mitmenschen durch die Augen Gottes sehen können.

Wo genau soll diese Bestimmung eigentlich herkommen?

Um die Antwort auf genau diese Frage geht es beim Thema Schöpfung.

Ich dachte immer, dass es beim Thema Schöpfung um eine alternative Weltentstehungstheorie geht, die Fundamentalisten gegen die Naturwissenschaft in Stellung bringen. Und ich hätte nie gedacht, dass ich über dieses Thema einmal ein ernsthaftes Gespräch führen würde. Aber in Ordnung, dann lass uns über Schöpfung sprechen.

4. Ich habe einen Funken Resthoffnung, dass am Ende hinter allem doch noch mehr als nur der blinde Zufall steht.

Deine erste Reaktion auf den Begriff Schöpfung war: Hier geht es um eine Weltentstehungstheorie von Fundamentalisten, mit der naturwissenschaftlich aufgeklärte Menschen nicht ihre Zeit verschwenden. Sehr viele Menschen denken, wenn sie Schöpfung hören, genau das. Kein Wunder. Einige haben im Religionsunterricht in der Grundschule oder im Kindergottesdienst die bildhaften biblischen Erzählungen von der Schöpfung gehört. Aber sie wurden ihnen nicht wie lehrreiche Märchen, sondern wie historische Berichte verkauft. Später ist dann die Enttäuschung groß - so wie beim Osterhasen oder beim Weihnachtsmann. Und dann herrscht keine Offenheit mehr für eine Auseinandersetzung mit dem eigentlichen theologischen Sinn hinter den Erzählungen. Andere hören in oberflächlichen Medienbeiträgen von den Schöpfungserzählungen. Dort wird auch nicht danach gefragt, was uns die Texte heute sagen könnten. Sondern im aufklärerischen Gestus wird lediglich festgestellt, dass wir ja heute wissen, dass das historisch nicht so war. Ob dieselben Journalisten und Journalistinnen auch Homers Odyssee oder Goethes Faust belächeln würden, weil es keine historischen Berichte sind? Wieder andere lassen sich von prominenten Religionskritikern aufs Glatteis führen, die in ihren Bestsellern behaupten, dass alle Christen und Christinnen Fundamentalisten seien. Und weil eine fundamentalistische

Interpretation der Schöpfungserzählungen nicht haltbar ist, muss also – so deren Argumentation – der ganze christliche Glaube Unsinn sein. Wir dürfen den Begriff Schöpfung aber nicht den Fundamentalisten und den theologisch Uninformierten überlassen.

Du gehst also davon aus, dass die naturwissenschaftlichen Theorien vom Urknall und der Evolution nicht im Gegensatz zur christlichen Rede von der Schöpfung stehen? Und du stimmst diesen Theorien prinzipiell zu?

Als naturwissenschaftlicher Laie kann ich mir natürlich kein endgültiges Urteil über diese Theorien erlauben. Aber ich habe keinen Grund, die momentan besten und weitgehend anerkannten naturwissenschaftlichen Theorien zur Entstehung der Welt und der Lebensformen in Frage zu stellen. Einzige Einschränkung: Solange sie sich auf den Bereich beschränken, zu dem sich naturwissenschaftliche Aussagen machen lassen. Wenn Naturwissenschaftler und Naturwissenschaftlerinnen behaupten, sie könnten theologische, ethische oder philosophische Fragen mit naturwissenschaftlichen Methoden beantworten, dann widerspreche ich dieser Anmaßung. Mit demselben Recht, mit dem man Fundamentalisten widerspricht, wenn sie naturwissenschaftliche Fragen mit theologischen Methoden beantworten wollen.

Aber wie kann jemand, der die naturwissenschaftlichen Erkenntnisse zur Weltentstehung anerkennt, gleichzeitig glauben, dass die Welt eine Schöpfung Gottes ist? Man braucht

Gott zur Beschreibung und Erklärung der entsprechenden Vorgänge ja gar nicht mehr. Gott ist im Prinzip überflüssig geworden.

Die meisten Christen und Christinnen würden auch der Aussage zustimmen, dass sie Geschöpfe Gottes sind. Obwohl sie genau wissen, wie sie sich - naturwissenschaftlich betrachtet - nach der Verschmelzung von Eizelle und Samenzelle im Bauch ihrer Mutter entwickelt haben. Bei der Weltentstehung ist es genauso. Schöpfung bedeutet nicht, dass Gott etwas entstehen lässt auf eine Weise, die sich naturwissenschaftlich nicht beschreiben ließe. Die Naturwissenschaft beschreibt und erklärt die Vorgänge, wie du gesagt hast. Dieser Beschreibung und Erklärung kann und muss die Theologie nichts hinzufügen. Das ist nicht ihr Zuständigkeitsbereich. Hier ist Gott tatsächlich überflüssig. Aber die Rede von Schöpfung und Geschöpfen bezieht sich auf eine andere Ebene der Wirklichkeit: auf die Sinnebene. Hier geht es um die Interpretation der Vorgänge. Steht dahinter ein Grund? Ein tieferer Sinn? Ein höheres Ziel? Eine Bestimmung? Das sind Fragen, zu denen die Naturwissenschaft nichts sagen kann. Das ist nicht ihr Zuständigkeitsbereich. Das lässt sich nicht zählen, messen oder empirisch nachweisen. Hier sind wir im Bereich von Religion und Weltanschauung.

Und damit leider auch im Bereich der Ungewissheiten, Behauptungen und Ideologien. Wäre es nicht sicherer, im Zuständigkeitsbereich der Naturwissenschaft zu bleiben?

Menschliches Leben besteht nun einmal aus vielen Dimensionen, zu denen man naturwissenschaftlich keinen wirklichen Zugang erhält. Man kann das Muster eines Musikstücks mathematisch beschreiben, aber die Mathematik kann uns keinen Musikgenuss verschaffen. Man kann Liebesgefühle chemisch beschreiben, aber wenn dieselben chemischen Reaktionen durch Medikamente hervorgerufen werden, ist das kein Ersatz für Liebe. Man kann den Zeitpunkt des Urknalls physikalisch errechnen, aber ob dahinter ein Sinn steht, kann uns keine Rechnung sagen. Wenn wir allein im Zuständigkeitsbereich der Naturwissenschaft bleiben würden, wäre unser Leben oberflächlich und armselig - und nicht weniger ideologisch. Denn die Weltanschauung, dass nur die Dinge, die man empirisch beweisen und berechnen kann, real oder wichtig sind, ist selbst eine Ideologie. Du wolltest darüber sprechen, wo die Bestimmung des Menschen herkommt. Christen und Christinnen vertrauen darauf, dass es einen tieferen Sinn gibt, der hinter allem steht und der allem eine Bestimmung gibt. Das meinen wir, wenn wir den Satz sagen: Gott ist der Schöpfer der Welt. Und wenn wir sagen, dass wir Geschöpfe Gottes sind, dann meinen wir damit: Wir vertrauen darauf, dass es einen tieferen Sinn gibt, der hinter allem steht und der Ja zu uns sagt und uns eine Bestimmung gibt. Nicht vor vierzehn Milliarden Jahren oder vor sechstausend Jahren, sondern heute und jeden Tag.

Und dass es diese Bestimmung gibt und wie genau sie aussieht, zeigt Gott - oder der tiefere Sinn, wie du ihn nennst - in der Person Jesu: Gemeinschaft, Beziehung, Liebe. Und dann sieht man nicht nur die Menschen in einer neuen Perspektive, sondern auch die ganze Welt, nämlich als Schöpfung. Dieses Wort geht mir immer noch schwer über die Lippen. Aber ich glaube, ich habe deine Position jetzt verstanden. Und ich finde den Bestimmungs-Gedanken und seine christliche Konkretion sympathisch. Leider fehlt mir meistens das Vertrauen, das du im Blick darauf zu haben scheinst. Aber ich habe einen Funken Resthoffnung, dass am Ende hinter allem doch noch mehr als nur der blinde Zufall steht.

Ist es nicht mehr als ein Funke Resthoffnung, den du hast? Setzt du nicht jeden Tag in deinem diakonischen Handeln voraus, dass es genau diesen Sinn gibt? Und die menschliche Bestimmung, die daraus folgt?

Sagen wir lieber: Ich tue so, als ob es diesen Sinn gibt. Wie soll man auch sonst leben? Aber oft genug denke ich, dass am Ende vielleicht doch alle Mühe umsonst war. Es gibt so viel Leid auf der Welt und so viel Hass. Und alles, was wir tun können, ist immer nur ein Tropfen auf dem heißen Stein. Manchmal geht es beispielsweise sozialpolitisch einen Schritt voran, und dann wieder zwei Schritte zurück. Wir machen immer weiter, aber vielleicht ist das auch naiv. Es gibt eben keine Garantie dafür, dass hinter allem ein Gott steht, der am Ende dafür sorgt, dass das Gute sich durchsetzt. Wenn man sich in der Welt umschaut, sieht es leider nicht danach aus. Da wird es eher schlimmer. Man fühlt sich hilflos. Oder kannst du immer in allem diesen tieferen Sinn erkennen? Im Artensterben durch den Klimawandel? Oder darin, dass

Kinder durch Schimmel an den Wänden krank werden, weil das Jobcenter keine bessere Wohnung finanziert? Und ich hoffe, du sagst jetzt nicht, dass eben erst im Himmel alles besser wird.

Nein, eine reine Vertröstung auf den Himmel wäre mir auch zu billig. Wir können uns unserer Verantwortung im Hier und Jetzt nicht entziehen. Aber für Christen und Christinnen endet der Horizont nicht im Hier und Jetzt. Wir bemerken genauso wie du, dass der tiefere Sinn, auf den wir vertrauen, oft nicht erkennbar ist. Wir bemerken genauso wie du, dass die gute Bestimmung des Menschen und der Welt, auf die wir vertrauen, sich bestenfalls punktuell und ansatzweise realisiert. Und wir fühlen uns angesichts dessen genauso frustriert und hilflos. Darum kann man nicht von der guten Bestimmung – also von Gottes Schöpfung – sprechen, ohne auch von der Hoffnung zu sprechen, dass der tiefere Sinn, das Gute sich endgültig und sichtbar durchsetzen wird. Dass Gottes Plan aufgeht. Dass alles aufhört, was Menschen daran hindert, ihre Bestimmung zu erreichen, wie Hass, Egoismus oder Angst. Für diesen Zustand gibt es in der christlichen Tradition viele bildliche Ausdrücke, beispielsweise die vollendete Welt, das Reich Gottes, das Paradies oder den Himmel. Und erst im Himmel werden wir mit Sicherheit sagen können, ob unser Vertrauen auf einen tieferen Sinn gerechtfertigt war, ob unsere Vorstellung von der Bestimmung des Menschen beziehungsweise vom Menschen als Geschöpf angemessen war und ob unsere Hoffnung keine Illusion war.

Ich weiß gar nicht, wo ich zuerst kritisch einhaken soll: Bei der kindlich naiven Vorstellung, dass man nach dem Tod in den Himmel kommt, oder bei der Gefahr, sich der irdischen Verantwortung zu entziehen, die ich trotz deiner Beteuerung nach wie vor sehe. Und die sich ja auch in der Geschichte des Christentums immer wieder realisiert hat. Nicht umsonst hat der politische Philosoph Karl Marx gesagt, dass Religion das Opium des Volkes ist. Er erkannte, dass Religion das leidende Volk durch seine tröstenden Illusionen ruhigstellt. So lässt sich die Religion von den Herrschenden zur Rechtfertigung ihrer ökonomischen Interessen und zur Stabilisierung gesellschaftlicher Unrechtsverhältnisse instrumentalisieren. Die Unrechtsverhältnisse haben sich seit damals nicht grundlegend geändert: Im Gesamtverhältnis wird ein Prozent der Menschen immer reicher und neunundneunzig Prozent der Menschen werden immer ärmer. Wo bleibt denn der Aufschrei der Kirche? Oder wenigstens der Diakonie? In den Hochglanzbroschüren der Diakonie steht immer auch etwas vom politischen Anspruch. Wir wollen uns angeblich nicht nur für Barmherzigkeit, sondern auch für Gerechtigkeit einsetzen. Aber welche sozialpolitischen Gesetze haben wir schon in den letzten Jahrzehnten wirklich beeinflusst?

Du hast dich doch bei dir hier am Ort bestimmt schon lautstark in die Politik eingemischt.

Klar, im Rahmen meiner Möglichkeiten. Ich vertrete die Diakonie im Jugendhilfeausschuss. Ich habe mich mit den Leuten von der Erwerbsloseninitiative auf die Straße gestellt und Flyer verteilt. Um auf die Lebenssituation von Hartz IV-Be-

rechtigten aufmerksam zu machen. Und ich habe einen Leserbrief an die Lokalzeitung geschrieben und die unerträglichen Zustände in der Containerunterkunft für Geflüchtete angeprangert. Aber was kann man damit schon erreichen? Die wirklich wichtigen Entscheidungen werden doch auf höheren Ebenen getroffen. Beispielsweise die Höhe des Arbeitslosengeldes oder die Rahmenbedingungen der Finanzierung der Pflege. Mir fällt aus den letzten Jahren gerade nur ein einziger Fall ein, bei dem die sozialpolitische Lobbyarbeit der Diakonie sichtbare Auswirkungen gehabt hat. Da haben diakonische Beratungsstellen vor Ort beobachtet, dass der Zuschuss, den arme Familien für Schulbedarf erhalten, einfach viel zu niedrig ist. Das haben sie an die Landesebene von Diakonie und Kirche zurückgemeldet. Dort wurde dann eine wissenschaftliche Studie in Auftrag gegeben und Öffentlichkeitsarbeit gemacht mit Petitionen und Musterklagen. Und anschließend haben Diakonie und Kirche auf Bundesebene mit Politikern und Politikerinnen gesprochen. Am Ende wurden die Leistungen für Schulbedarf tatsächlich erhöht. Leider sind solche Erfolgsgeschichten äußerst selten. Wir sind viel zu unpolitisch geworden. Manchmal habe ich das Gefühl, wir verwalten nur noch Finanzen und erfüllen unkritisch staatliche Aufträge.

Und woran liegt das?

Manche denken, politische Lobbyarbeit wäre etwas Schmutziges. Dabei kann doch Demokratie nur funktionieren, wenn jemand den Politikern und Politikerinnen die Informationen gibt, die sie brauchen, um gute Entscheidungen zu treffen.

Und wir als Diakonie müssen eben Informationen zur sozialen Situation unserer Adressaten und Adressatinnen und auch zu unseren eigenen Arbeitsbedingungen weitergeben. Wer soll es denn sonst tun? Die kaufmännischen Vorstände sehen es oft nicht so gern, wenn man zu politisch ist. Sie haben Angst, dass das zu finanziellen Nachteilen führen könnte. Wir sind ja als Diakonie ökonomisch vollständig abhängig vom Staat. Der kann die verschiedenen sozialen Träger als Konkurrenten gegeneinander ausspielen. Viele Kollegen und Kolleginnen wären gerne sozialpolitisch aktiver. Aber aufgrund der immer weiter zunehmenden Arbeitsverdichtung schaffen sie es nicht. Und das Hauptproblem ist, dass weder Sozialarbeitende noch Pflegende noch Pfarrpersonen in ihrer Ausbildung wirklich lernen, wie man professionell und effektiv politische Lobbyarbeit betreibt. In die Krankenpflege lassen wir nur Menschen, die das gelernt haben. Aber die politische Arbeit soll irgendjemand irgendwie machen. Und dann wundern wir uns darüber, dass meistens wenig dabei herauskommt? Wir brauchen mehr Stellenkapazitäten und mehr Know-how für unsere sozialpolitische Arbeit. Und wir brauchen mehr Unterstützung durch die Kirche, die ökonomisch weniger abhängig vom Staat ist. Ansonsten sind wir unglaubwürdig und sollten unsere Hochglanzbroschüren mit den Gerechtigkeits-Aussagen lieber einstampfen.

Ich verstehe deinen Wunsch nach einer Stärkung der politischen Arbeit in der Diakonie. Und ich finde deine Analyse und deine Verbesserungsvorschläge sehr bedenkenswert. Im Blick auf Marx bin ich jedoch etwas zurückhaltender.

Bei aller berechtigten Kritik an der Kirche des neunzehnten Jahrhunderts – hat seine Weltanschauung nicht auch ideologische Züge? Er nimmt die christliche Vorstellung vom Himmel und verlegt sie ins Diesseits. Er behauptet, eine Stellschraube in der Gestaltung des Wirtschaftssystems zu kennen, durch die man alle Probleme der Welt auf einmal lösen und den Himmel auf Erden herstellen könnte. Da bin ich gerade als Christ skeptisch. Wenn Politiker und Politikerinnen in der Vergangenheit den Anspruch hatten, den Himmel auf Erden herzustellen, hat das immer zu Katastrophen geführt. Das hast du selbst vorhin auch gesagt. Die Rolle Gottes überfordert Menschen. Wir sollten als Menschen versuchen, die Welt im Rahmen unserer Möglichkeiten zu verbessern. Aber dieser Anspruch ist genug. Damit sind wir vollauf beschäftigt. Wir werden niemals alle Krankheiten heilen können oder den Tod abschaffen. Wir werden niemals eine vollkommen gerechte Gesellschaft herstellen oder Kinder zu Menschen ohne ethische Schwächen erziehen. Wir müssen unterscheiden zwischen dem, was schon jetzt in dieser Welt für uns möglich ist, und dem, was wir von Gott erhoffen, wenn er seinen Plan mit der Welt vollendet.

Und wer darf darüber entscheiden, was zu den Dingen gehört, die man jetzt schon verändern kann, und was zu den Dingen gehört, die es erst im Himmel gibt? Alle Christen und Christinnen, die zu faul sind um sich zu engagieren, die keine Verantwortung im Hier und Jetzt übernehmen wollen, haben damit doch eine großartige Ausrede. Einen Blankoscheck fürs Nichtstun. Gott wird es ja irgendwann schon richten.

Genau diese Kritik hat auch die Theologin Dorothee Sölle formuliert. Sie forderte die Abkehr von einer Papa-wird's-schon-richten-Theologie als Rechtfertigung für Wirklichkeitsflucht und politische Passivität. Sie betont, dass Gott keine anderen Hände als unsere hat. Darum müssen die Christen und Christinnen sich hier und jetzt gegen das Leid in der Welt engagieren – vor allem politisch. Sölle war beeinflusst von der lateinamerikanischen Befreiungstheologie. Diese Theologie hat eine große Nähe zu diakonischen Anliegen. Sie nimmt den Aspekt besonders ernst, dass sich Jesus mit den Armen identifiziert hat. Außerdem hat sie die Theologie wieder daran erinnert, dass sich der Gedanke von Gottes besonderer Solidarität mit den Armen wie ein roter Faden durch die ganze Bibel zieht. Die Befreiungstheologie versteht sich darum als Stimme der Armen. Sie ist praxisorientierter als andere theologische Ansätze. Sie möchte zur Befreiung von Ausbeutung, Entrechtung und Unterdrückung beitragen – gerade auch im Blick auf ungerechte ökonomische Strukturen.

Mit dieser Theologie kann ich etwas anfangen. Davon könnten wir in Deutschland mehr gebrauchen. Das erinnert mich an die Devise Gerechtigkeit, Frieden und Bewahrung der Schöpfung. Das stand in den achtziger Jahren in Großbuchstaben auf dem Gemeindehaus der Kirche in der Stadt, in der ich aufgewachsen bin. Irgendwann wurde das Haus renoviert und die Buchstaben verschwanden. Ob sich heute noch jemand in der Kirche dafür interessiert?

Ich würde sagen, dass die Devise Gerechtigkeit, Frieden und Bewahrung der Schöpfung seit Jahrzehnten fest im Selbstverständnis unserer Kirche verankert ist – zumindest in der Theorie. Aber so schön diese Worte auch klingen, sie sind auch ein gutes Beispiel für den theologischen Klärungsbedarf im Blick auf die Unterscheidung zwischen dem, was Menschen tun können, und dem, was nur Gott tun kann, worüber wir gerade gesprochen haben. Fangen wir mit der Bewahrung der Schöpfung an. Die meisten meinen damit Umweltschutz. Dann sollten sie auch lieber diesen Begriff verwenden. Aber Bewahrung der Schöpfung meint als theologischer Begriff etwas anderes. Nämlich, dass Gott der ganzen Welt eine Bestimmung gibt und an dieser Bestimmung gegen alle Widerstände festhält, bis sie im Reich Gottes endgültig verwirklicht wird. Die gedankliche Vermischung von menschlichem Umweltschutz mit diesem Handeln Gottes führt zur Forderung an den Menschen, die Welt zu retten, die er nicht erfüllen kann.

Aber Umweltschutz ist doch etwas Gutes?

Natürlich. Der Appell zu einem sorgsamen Umgang mit der Umwelt im Rahmen unserer Möglichkeiten gehört zur christlichen Ethik. Aber so wie Gottes Liebe nicht von unserem ethischen Handeln abhängt, so auch nicht die Frage, ob und wie Gott die Bestimmung des Universums verwirklicht. Zum Glück. Genauso sieht es aus bei den Themen Gerechtigkeit und Frieden. Menschen sollen sich für Gerechtigkeit und Frieden in der Welt engagieren. Aber es kann unter irdischen Bedingungen nie eine vollkommene Gerechtigkeit oder einen vollkommenen Frieden geben. Das gibt es erst, wenn Gott seinen Plan mit der Welt vollendet. Dann wird es keinen Hass, keinen Egoismus und keine Angst mehr geben. Dann muss es auch keine Polizei und keine Gewerkschaft mehr geben. Aber die vollendete Welt ist nicht unsere Welt. Und wir können nicht so tun, als lebten wir schon in der vollendeten Welt. Die Aufgabe der Vollendung von Gottes Plan mit der Welt ist mehrere Nummern zu groß für uns Menschen. Daran können wir nur scheitern. Und jeder Versuch, der die menschlichen Grenzen ignoriert, führt zu totalitären Verhältnissen und zu menschlichem Leid. Vielleicht hast du schon einmal von dem Täuferreich von Münster im sechzehnten Jahrhundert gehört? Hier wollten einige Menschen das Reich Gottes auf Erden errichten – so wie sie es sich vorstellten. Es wurde ein ideologisches Schreckensreich. Wer nicht mitmachte, wurde vertrieben oder ermordet. Und es endete in einer Katastrophe.

Ich kann nachvollziehen, dass du davor warnst, dass Menschen Gott spielen wollen. Und mir fallen auch Beispiele aus der Geschichte ein, wo das schiefgegangen ist. Aber ich sehe diese Gefahr weniger, wenn sich heute Menschen für Gerechtigkeit, Frieden und Umweltschutz einsetzen. Und für mein Empfinden ist es ein Fortschritt, wenn sich die Theologie heute mehr auf das Diesseits und weniger auf das Jenseits konzentriert. Du hast doch vorhin gesagt, dass nach dem christlichen Glauben Gott Mensch geworden und mitten in die Welt gekommen ist. Und dass deswegen Menschen, die Jesus nachfolgen wollen, auch mitten in die Welt gehen und solidarisch mit anderen werden müssen. Folglich sollen

Christen und Christinnen nicht erst im Himmel Nächstenliebe leben, sondern in dieser Welt. So wird die Welt vielleicht Stück für Stück besser. Auch wenn sie vielleicht niemals perfekt wird. Um diese Motivation zum praktischen Handeln geht es doch eigentlich bei den Bildern vom himmlischen Frieden und der himmlischen Gerechtigkeit, oder? Dass wir eine Vision haben und uns deshalb nicht einfach so mit den Verhältnissen auf dieser Welt abfinden. Aus diakonischer Sicht geht es mir vor allem um den christlichen Auftrag zur Gestaltung dieser Welt. Meine Hoffnung bezieht sich auf das Diesseits. Ich hoffe weder auf eine neue Welt noch darauf, dass es für mich nach meinem Tod irgendwie weitergeht. Das brauche ich auch nicht, um glücklich zu leben. Ich bin Realistin.

Wir sind uns auf jeden Fall darüber einig, dass die christliche Hoffnung, dass Gott seinen guten Plan mit der Welt vollendet, nicht zu menschlicher Passivität führen darf. Unbedingt sollen Menschen alles tun, was in ihrer Macht steht, um die Welt zu einem besseren Ort zu machen. Und dazu soll uns die christliche Hoffnung auch immer wieder anregen. Ohne das irgendwie einschränken zu wollen, liegt aber auch in der theologischen Unterscheidung zwischen dem, was Menschen tun können, und dem, was nur Gott tun kann, etwas Wertvolles. Nämlich der Schutz vor Selbstüberforderung, Resignation und Ideologisierung. Darum reite ich so darauf herum. Meine Hoffnung bezieht sich auch auf das Diesseits. Aber sie geht darüber hinaus. Warum hältst du die Vorstellung für unrealistisch, dass es nach dem Tod irgendwie weitergehen könnte?

Als ich in einer Senioreneinrichtung tätig war, habe ich hin und wieder mit Bewohnern und Bewohnerinnen über dieses Thema gesprochen. Für manche war die Hoffnung wichtig, dass sie ihre Angehörigen nach dem Tod wiedersehen. Andere haben gesagt: Ich freue mich darauf, nach dem Tod endlich Ruhe zu haben. Hoffentlich stört mich dann niemand mehr. Ich kann sowohl die Hoffnung als auch die Befürchtung theoretisch nachvollziehen. Aber für mich persönlich war es nie zweifelhaft, dass mit dem Tod alles zu Ende ist. Ein toter Körper wird verbrannt oder verwest. In einem übertragenen Sinne lebt man vielleicht weiter in den Genen seiner Kinder, in den Erinnerungen seiner Freunde oder in den Kunstwerken, die man geschaffen hat. Aber man selbst ist dann weg. Das Leben ist nun einmal begrenzt. Damit muss man zurechtkommen und sollte sich nicht in Wunschvorstellungen flüchten. Stattdessen sollte man bewusst leben, das Leben genießen, seine Zeit nicht verschwenden.

Unabhängig davon, ob etwas an der christlichen Hoffnung auf die Auferstehung von den Toten dran ist oder nicht, gebe ich dir völlig recht damit, dass unser irdisches Leben begrenzt ist. Und dass wir deswegen bewusst leben und unsere Zeit nicht verschwenden sollten. Dieser Gedanke ist es übrigens, der für mich hinter der alten Vorstellung vom Jüngsten Gericht steht.

Gericht? Ich dachte, diese unsägliche Vorstellung hätten wir seit dem Mittelalter hinter uns gelassen. Es ist doch offensichtlich, dass sich Menschen diese Lehre ausgedacht haben, um anderen Angst zu machen und sie zu kontrollieren.

Kennst du den Psychoanalytiker Tilmann Moser? Er hat seine religiöse Erziehung aufgearbeitet. Dabei wird in beeindruckender Weise deutlich, welchen inneren Schaden die Angst vor dem Gericht Gottes in einem Menschen anrichten kann – bis hin zum Selbsthass. Die Drohung mit Gottes Gericht war wahrscheinlich auch Bestandteil der schwarzen Pädagogik in der früheren diakonischen Heimerziehung.

Ja, der bildliche Ausdruck des Gerichts wurde so oft missbraucht, dass man ihn heute kaum noch verwenden kann. Dabei steckt ein wichtiger Gedanke dahinter. Weil wir eine Bestimmung haben, ist es nicht gleichgültig, wie wir leben. Was kann es Schlimmeres geben, als am Ende seines Lebens zu erkennen, dass man seine Zeit verschwendet hat? Dass man seine Bestimmung verfehlt hat? Dass man sein Leben weggeworfen hat? Man hat nur dieses eine Leben. Die Zeit kommt nicht wieder. Es geht nicht darum, jemandem Angst zu machen. Angst weckt kein Vertrauen auf die Liebe. Angst bringt uns unserer Bestimmung nicht näher. Eine Rede vom Gericht, die Angst macht, hat in der Kirche nichts verloren. Sondern es geht um eine heilsame Warnung. Unser Leben ist kostbar. Wir sollten frühzeitig und immer wieder darüber nachdenken, was wirklich wichtig ist. Damit wir nicht am Ende unseres Lebens erschrecken müssen, wenn wir zurückblicken.

Schön und gut. Aber zur Vorstellung vom Jüngsten Gericht gehört nun einmal auch die Lehre davon, dass die einen in den Himmel kommen und die anderen in die Hölle, wo sie ewige Qualen leiden. Abgesehen davon, dass ich nicht an ein Leben nach dem Tod glaube, verstehe ich nicht, wie diese Lehre zu deinen Aussagen in unserem bisherigen Gespräch passen soll. Gott hat den Menschen durch Jesus mitgeteilt, dass er alle Menschen bedingungslos liebt und Ja zu ihnen sagt. Dass er der Welt und allen Menschen eine gute Bestimmung gegeben hat und dass er am Ende dafür sorgen wird, dass sie diese Bestimmung auch erreichen. So ungefähr hast du die christliche Botschaft, die christliche Hoffnung zusammengefasst. Und jetzt kommst du plötzlich mit Gericht und Hölle?

Von der Hölle hast eigentlich du angefangen. Ich habe nur vom Gericht gesprochen als einem bildlichen Ausdruck, der uns daran erinnert, dass es nicht gleichgültig ist, was wir mit unserer begrenzten Lebenszeit machen. Dieser bildliche Ausdruck würde tatsächlich in einen Widerspruch zur christlichen Botschaft geraten, wenn er so ausgedeutet würde, dass er die bedingungslose Liebe Gottes für alle Menschen infrage stellt. Nichts anderes als diese Liebe ist der Mittelpunkt des Gerichts. Jesus, die menschgewordene Liebe, ist selbst der Richter. Es geht nicht um Strafe, sondern um Versöhnung und Erlösung. Darum, dass Gott seinen guten Plan mit der Welt und den Menschen vollendet.

Dann ist es also doch egal, wie wir leben? Am Ende wird ja sowieso alles gut. Wozu dann die Warnung? Wozu dann die Aufrufe zur Nächstenliebe? Und die Selbstbestimmung spielt auch keine Rolle mehr. Alle werden zwangsbeglückt – ob sie wollen oder nicht.

Warum sollte es egal sein, wie wir leben, nur weil wir auf ein gutes Ende hoffen? Ein gutes und der Bestimmung gemäßes Leben wird doch nicht erst dadurch empfehlenswert, dass es später mit einem Platz im Himmel belohnt wird. Und ein schlechtes und der Bestimmung widersprechendes Leben wird doch nicht erst dadurch beklagenswert, dass es später mit einem Platz in der Hölle bestraft wird. Was wäre das für eine merkwürdige Art zu leben, die immer nur auf das schaut, was nach dem Tod erhofft oder befürchtet wird? Ein Leben mit Liebescharakter, ein Leben in Gemeinschaft und Beziehung, ein sinnvolles Leben ist selbst Belohnung genug. Und ein Leben ohne Liebescharakter, ein Leben ohne Gemeinschaft und Beziehung, ein sinnloses Leben ist selbst Strafe genug. Der bildliche Ausdruck des Gerichts steht für den Gedanken, dass der Mensch irgendwann mit seinem eigenen Leben konfrontiert wird. Dass die Wahrheit über das eigene Leben ans Licht kommt. Schonungslos. Die verschwendete Zeit. Das Leid, das man verursacht hat. Aber aus christlicher Sicht ist damit unbedingt auch der Gedanke verbunden, dass der Mensch mit dem tieferen Sinn, der hinter allem steht, konfrontiert wird. Mit der überwältigenden Liebe, die jeden Menschen dazu einlädt, sich mit ihr versöhnen zu lassen. Aber echte Liebe ist nicht zwingend, sondern gewinnend. Also keine Zwangsbeglückung. Dafür steht übrigens der bildliche Ausdruck der Hölle. Niemand muss der Liebe fernbleiben. Aber jeder darf der Liebe fernbleiben - zumindest theoretisch. Das ist die Hölle. Aber nachdem im Gericht die Absurdität dieser Haltung offensichtlich geworden ist, wird die Hölle wohl leer sein.

Aus der diakonischen Beratungsarbeit kommen mir hier mehrere Aspekte bekannt vor. Die Ratsuchenden befinden sich manchmal in einer Negativspirale, aus der sie ohne Hilfe von außen nicht herauskommen. Sie brauchen jemanden, der sie bedingungslos wertschätzt. Und der sie dabei unterstützt, auch die unangenehmen Facetten ihrer Persönlichkeit und ihrer Situation wahrzunehmen. Ohne ein solches Problembewusstsein, ohne Aufarbeitung der Vergangenheit ist auch kein Neuanfang möglich. Und dies alles funktioniert nur freiwillig und unter Mitwirkung der Ratsuchenden.

Aufarbeitung, um einen Neuanfang zu ermöglichen: Das trifft es gut.

Im Leben ist das natürlich sinnvoll. Aber nach dem Tod? Für mein Empfinden gehörte der Gedanke, dass wir Menschen eine unsterbliche Seele haben sollen, die nach dem Tod den Körper verlässt und dann unsichtbar herumfliegt, schon immer in den Bereich des Aberglaubens. Wie soll so eine Seele etwas sehen, etwas hören oder sich an etwas erinnern, wenn sie nicht mehr mit einem Körper mit Augen, Ohren und einem Gehirn verbunden ist?

Tatsächlich bezog sich die Hoffnung der ersten Christen und Christinnen gar nicht auf eine unsterbliche Seele. Sondern auf eine Auferweckung von den Toten. Mit einem neuen Körper, zu dem auch eine Seele gehört. So steht es auch im Glaubensbekenntnis, das bis heute in jedem Gottesdienst gesprochen wird.

Eine Auferweckung von den Toten erscheint mir allerdings sogar noch unrealistischer als eine unsterbliche Seele. Ist es nicht ziemlich offensichtlich, dass sich Menschen solche Dinge ausgedacht haben, weil sie den Gedanken nicht ertragen, dass ihr Leben nun einmal begrenzt ist? Weil sie sich wünschen, ihre verstorbenen Verwandten und Freunde wiederzusehen? Weil sie sehen, dass viele gute Menschen in ihrem Leben nicht genug belohnt wurden und böse Menschen nicht genug bestraft? Weil sie Trost suchen angesichts des unsäglichen Leids in der Welt? Das ist nachvollziehbar. Aber dadurch wird es nicht wahr. Im Gegenteil. Das Leid, die Ungerechtigkeit und die Sinnlosigkeit, die einem überall auf der Welt begegnen, sind ein ziemlich starkes Argument gegen die Hoffnung, dass es einen liebenden Gott gibt, der als tieferer Sinn hinter allem steht und allem eine gute Bestimmung gegeben hat. Und in der Diakonie ist das nicht nur eine theoretische philosophische Spekulation. Was ist denn mit dem aus einem Kriegsgebiet geflüchteten Kind, das der Traumatherapeutin erzählt, dass es zusehen musste, wie seine Eltern und Geschwister erschossen wurden? Oder was ist mit der vierzigjährigen wohnungslosen Frau, die zum Kältebus kommt mit einem Fuß, der durch Erfrierungen schwarz ist und amputiert werden muss? Wollte Gott das nicht verhindern? Konnte Gott das nicht verhindern? Oder lautet nicht die einfachste Antwort, dass es eben keinen Gott gibt?

Ja, dass die Welt so ist, wie sie ist, macht es einem nicht gerade leicht, auf einen liebenden Gott zu vertrauen, der als tieferer Sinn hinter allem steht. Sondern es ist ein Grund für berechtigten Zweifel. Theologen und Theologinnen haben im Lauf der Jahrhunderte viel über dieses Problem nachgedacht. Manche Antwortversuche gehen davon aus, dass wir unser Gottesbild überdenken müssen. Vielleicht ist Gott anders, als wir ihn uns vorstellen? Beispielsweise nicht allmächtig?

Dann lass uns über Gott sprechen.

5. Manchmal bete ich, aber ich weiß nicht, ob es jemand hört.

Wie man angesichts des Leids in der Welt an einen liebenden Gott glauben kann, ist für viele Christen und Christinnen eine der drängendsten theologischen Fragen. Theologen und Theologinnen haben darauf verschiedene klassische Antworten gegeben: Gott hat Gründe dafür, das Leid zuzulassen, die wir nicht immer verstehen. Leid ist der Preis für die Möglichkeiten menschlicher Freiheit und menschlicher Entwicklung. Das Leid ist Ausdruck der Erlösungsbedürftigkeit der Welt, aber die Menschen dürfen auf Gottes Erlösungswillen vertrauen. Im Himmel wird Gott das Leiden beenden und dann werden die Menschen auch verstehen, warum es notwendig war.

Jetzt stelle dir mal die Frau vor, von der ich gerade gesprochen habe. Die vierzigjährige wohnungslose Frau, die zum Kältebus kommt mit einem Fuß, der durch Erfrierungen schwarz ist und amputiert werden muss. Welche dieser Antworten willst du ihr geben? Egal, welche du nimmst, für sie muss das doch wie abstraktes und empathieloses Geschwätz klingen.

Das stimmt natürlich. Aber dieses Argument ist etwas unfair. Es gibt Situationen im Leben, in denen wir mit Leid konfrontiert werden und in denen alle Worte fehl am Platz sind. Hier können wir nur schweigen, zuhören, weinen oder schreien. Vielleicht beten. Aber es gibt auch andere Situationen, in denen zwei Menschen sich unterhalten und gemeinsam über ein Thema nachdenken. So wie wir jetzt. Und in solchen Situationen muss es möglich sein, abstrakte Argumente und Gegenargumente auszutauschen.

Na gut. Dann sage ich dir Gegenargumente. Einem Gott, der irgendwelche Gründe dafür hat, das Sterben von Kindern nicht zu verhindern, obwohl er es könnte, kann man nicht vertrauen. Vielleicht ist in dieser Welt Leid der Preis für Freiheit und Entwicklung. Aber Gott hätte die Rahmenbedingungen dieser Welt auch anders gestalten können. Außerdem entwickeln sich Menschen im Leid nicht unbedingt, sie können auch daran zerbrechen. Wenn Gott die Welt erlösen und das Leid im Himmel beenden will, warum macht er es dann nicht gleich? Ich will das Leid gar nicht rückblickend verstehen. Ich will, dass es aufhört.

Manche Theologen und Theologinnen finden die klassischen Antworten genauso wenig überzeugend wie du. Für sie liegt die Hauptursache dafür in einer falschen Vorstellung von Gott. Nach der allgemeinen philosophischen Tradition ist Gott eine unveränderliche, leidensunfähige, allmächtige Person außerhalb der Welt, die alles kontrolliert. Diese Vorstellung von Gott wird auch bei den klassischen Antworten vorausgesetzt. Aber nach der speziellen christlichen Tradition ist Gott eigentlich ganz anders. Nämlich eine lebendige, leidensfähige Kraft der Liebe, die sich selbst begrenzt und in die Welt entäußert. Wenn man diese Vorstellung von Gott zugrunde legt, ergeben sich neue Antworten auf die Frage, wie man angesichts des Leids in der Welt an einen liebenden Gott glauben kann: Gott kann das Leid nicht verhindern. Die Liebe gestaltet die Welt mit den Geschöpfen gemeinsam, aber sie kann niemanden zwingen. Liebe und Leiden, Verwundbarkeit sowie Ohnmacht gehören zusammen. Am Kreuz leidet Gott selbst mit den Geschöpfen. Leid kann daher nicht von Gott trennen. Als Mitarbeiter und Mitarbeiterinnen Gottes können wir uns nur an die Seite der Leidenden stellen und uns bemühen, zur Verhinderung und Linderung von Leiden beizutragen. Christsein heißt dann nicht Befreiung vom Leiden, sondern im Gegenteil zusätzliches Mitleiden.

Einerseits klingt das für mich sympathisch. Ein schwacher Gott – das würde erklären, warum die Welt so ist, wie sie ist. Andererseits frage ich mich, wozu ein solcher Gott überhaupt noch gebraucht wird. Die Hoffnung, dass doch noch irgendwann alles gut endet, steht dann jedenfalls auf sehr wackeligen Füßen. Wenn Gott selbst leidet, gibt es noch mehr Leid. Die ursprüngliche Frage wird also nicht beantwortet, sondern wird nur noch drängender. Und der Verweis auf die Verantwortung der Menschen – klar, das sage ich ja schon die ganze Zeit. Aber dafür brauche ich ja gerade keinen Gott. Hast du noch andere Angebote für Antworten?

Leider nein, das waren schon die besten, die ich hatte. Hier erwischst du die Theologie an einer ihrer großen schwachen Stellen. Ich vertraue nicht deshalb auf die Liebe als tieferen Sinn, *weil* ich auf alle Fragen eine gute Antwort habe. Sondern ich vertraue darauf, *obwohl* ich nicht auf alle Fragen eine gute Antwort habe. Ich habe ja auch schon zugegeben, dass die Frage nach dem Leiden eine ist, die Christen und Christinnen immer wieder Grund zum Zweifeln geben kann. Vertrauen und Zweifel wechseln sich ab. Sie gehören zusammen. Vielleicht hattest du vorhin doch recht, als du darauf hingewiesen hast, dass abstrakte Argumente hier nicht weiterhelfen. Auch der Theologe Wilfried Härle empfiehlt, weniger nach einer abstrakten, rationalen Antwort auf die Frage nach dem Leiden zu suchen. Schließlich geht es um ein existenzielles Problem. Er schlägt stattdessen vor, die Chancen wiederzuentdecken, die im Klagegebet liegen. Hier werden Leiderfahrungen, drängende Fragen und Zweifel nicht verdrängt. Man resigniert auch nicht davor. Stattdessen verleiht man ihnen Ausdruck. Man redet Gott an, auch wenn nur noch ein kleiner Funke an Vertrauen da ist. Man entlässt Gott nicht aus seiner Verantwortung und hält an der Hoffnung auf eine Überwindung des Übels fest.

Solange man damit auch sich selbst nicht aus seiner eigenen Verantwortung entlässt, spricht nichts dagegen. Auch in psychosozialen Beratungsprozessen muss manchmal der Klage Raum gegeben werden, damit eine emotionale Bewältigung der Situation möglich wird. Klage kann eine Verleugnung der Realität verhindern und innerlich reinigend wirken. Es darf aber auch nicht immer nur bei der Klage bleiben, sonst hängt der Klient oder die Klientin in der Vergangenheit fest. Dann findet keine Verarbeitung statt und es ist kein Neuanfang möglich. Ich fand deine Unterscheidung eben interessant zwischen der Gottesvorstellung der allgemeinen philosophischen Tradition einerseits und der Gottesvorstellung der speziellen christlichen Tradition andererseits. Die allgemeine philosophische Tradition stellt sich Gott als eine leidensunfähige, allmächtige Person außerhalb der Welt vor. Die spezielle christliche Tradition stellt sich Gott als leidensfähige Kraft der Liebe mitten in der Welt vor. Mit welchem dieser Ansätze kannst du mehr anfangen? Liege ich richtig mit meiner Vermutung, dass dir die Gottesvorstellung der allgemeinen philosophischen Tradition weniger nah ist? Schließlich sprichst du ja auch schon die ganze Zeit nicht von einer Person, sondern vom tieferen Sinn, wenn du Gott meinst. Aber wie passt das dazu, dass du das Klagegebet wiederentdecken möchtest? Beten kann ich doch nur zu einer Person. Zum tieferen Sinn kann ich nicht beten. Und zur Kraft der Liebe auch nicht. Ich verrate dir etwas: Manchmal bete ich, aber ich weiß nicht, ob es jemand hört. Kurze Gebete. Ich sage Danke oder ich bitte um Kraft. Natürlich stelle ich mir Gott nicht mehr als alten Mann auf einer Wolke vor. Aber falls irgendjemand meine Gebete doch hören sollte, dann muss es eine Person sein. Letztlich kann natürlich sowieso niemand wissen, welche Eigenschaften Gott hat.

Vorhin haben wir darüber gesprochen, dass Christen und Christinnen davon ausgehen, dass sie erkennen, wie der Mensch eigentlich sein sollte, wenn sie auf Jesus schauen. Wenn es stimmt, dass in der Person Jesu Gott selbst Mensch geworden ist, dann erkennen wir in Jesus auch, wie Gott wirklich ist. Und ausgehend davon können wir auch über Gottes Eigenschaften sprechen.

Wenn Jesus der Maßstab ist, dann hat Gott also keine Vorurteile. Dann geht Gott auf Menschen zu. Dann nimmt Gott Menschen bedingungslos an. Dann hilft Gott gerne. Dann steht Gott an der Seite der Armen und Ausgegrenzten. Dann weiß Gott aus eigener Erfahrung, was Armut und Schmerzen bedeuten. Dann ist Gott wie ein Diakon oder eine Diakonin. Und außerdem ist Gott dann eine Person. Oder ist Jesus etwa keine Person?

Du hast wieder einmal Recht. Jesus ist die personifizierte Liebe, die Liebe als Person. Darum vertrauen wir darauf, dass Gott die Liebe als Person ist. Wir vertrauen darum aber auch darauf, dass Gott die Liebe überhaupt ist. Und von der Liebe überhaupt kann man noch einige zusätzliche Dinge sagen, die man von der Liebe als menschlicher Person nicht sagen kann. Die Liebe überhaupt ist der tiefere Sinn, der hinter allem steht und der allem eine gute Bestimmung gibt. Sie ist ewig und hat die Kraft, ihren guten Plan mit der Welt zu vollenden.

Es ist schön für euch Christen und Christinnen, dass ihr darauf vertraut. Und das meine ich noch nicht einmal ironisch. Du hast ja vorhin gesagt, dass wir es uns nicht aussuchen können, ob wir auf die Liebe vertrauen oder nicht. Wenn wir auf die Liebe vertrauen können, ist das ein Geschenk Gottes. Ergebnis eines Aha-Erlebnisses, das nur Gott bewirken kann. Warum schenkt Gott manchen Menschen dieses Aha-Erlebnis und anderen nicht?

Ich habe mir schon gedacht, dass du diese Frage noch stellen wirst. Sie macht die Theologen seit Jahrhunderten ratlos. Genauso wie die Frage, warum Gott das Leiden zulässt. Eigentlich ist es eine Variante dieser Frage. Warum heilt Gott manche Leiden im irdischen Leben und andere erst im Himmel? Warum schenkt Gott manchen Menschen Vertrauen auf die Liebe im irdischen Leben und anderen erst im Himmel? Ganz ehrlich: Ich weiß es nicht. Natürlich steigen die Chancen auf ein Aha-Erlebnis, wenn man nach Gott sucht und fragt, wenn man betet und sich Predigten in Gottesdiensten anhört. Aber erzwingen kann man es nicht. Und wenn man den inneren Drang verspürt, nach Gott zu suchen und zu fragen, ist das auch schon ein Geschenk Gottes. Es bleibt also dabei, dass es am Ende bei Gott liegt. Gott ist die Kraft der Liebe, die im Menschen wirkt und Vertrauen auf die Liebe schenkt. Und Gott ist die Liebe als Person. Und Gott ist die Liebe überhaupt. Damit haben wir die drei Aspekte, aus denen die christliche Lehre der Dreieinigkeit Gottes entwickelt wurde.

Und wozu soll diese Lehre gut sein?

Die Christen und Christinnen der ersten Jahrhunderte wollten an der Einsicht festhalten, dass es nur einen Gott gibt, und zwar den, zu dem Jesus und seine jüdischen Vorfahren gebetet haben. Sie wollten außerdem an der Grundlage ihrer gesamten Religion festhalten, nämlich, dass sich in Jesus Gott selbst mitgeteilt hat, wir also an Jesus wirklich erkennen, wie Gott ist. Und sie wollten an ihrer Erkenntnis festhalten, dass Gott selbst bei ihnen ist und in ihrem Inneren wirkt. Sie wollten sichergehen, dass diese aus ihrer Sicht zentralen Wahrheiten an die zukünftigen Generationen weitergegeben werden und nicht durch andere Lehren, die damals kursierten, verfälscht werden. Außerdem wollten sie ihrer Umwelt zeigen, dass christliche Glaubensinhalte nicht selbstwidersprüchlich und unvernünftig sind.

Mag sein, dass die Lehre von der Dreieinigkeit Gottes historisch gesehen einen gewissen Sinn hatte. Aber warum muss man heute daran glauben?

Man muss überhaupt nicht daran glauben. Wir vertrauen auf Gott, der die Liebe ist, und nicht auf die Trinitätslehre. Diese Lehre ist der Versuch, bestimmte theologische Einsichten in Worte zu fassen. Sie ist ein Angebot, das sich beim Nachdenken über diese Fragen als hilfreich erweisen kann. Wie beim Dogma über die Naturen Jesu wurden auch hier dummerweise wieder Begriffe aus philosophischen Strömungen der Antike verwendet, die zwar damals jeder kannte, aber die heute niemand mehr versteht: Vater, Sohn und Heiliger Geist als drei unvermengte und ungetrennte Hypostasen des einen Gottes. Das verstehen sogar viele Theologen und Theologinnen nicht. Auch hier dürfen wir nach neuen Formulierungen suchen, die heute verständlich sind. Beispielsweise: Gott ist die Kraft der Liebe, die im Menschen wirkt. Und Gott ist die Liebe als Person. Und Gott ist die Liebe überhaupt. Eine Liebe – ein Gott. Das wäre mein Vorschlag für eine gute Formulierung.

Wir sind jetzt wieder bei bildlichen Ausdrücken, nicht wahr? Ich verstehe schon, dass man anders nicht über religiöse Dinge sprechen kann, vor allem nicht über Gott selbst. Wie wäre es denn damit: Ich habe vorhin gesagt, dass Gott wie ein Diakon oder eine Diakonin ist. Man könnte dieses Bild noch ausbauen. Gott ist wie die Diakonie. Wenn die Rettungssanitäter kommen, sagen die Verletzten: Da kommt die Diakonie. Wenn sie in das diakonische Krankenhaus gebracht wurden, sagen sie: Jetzt sind wir bei der Diakonie. Und wenn ihre Verletzungen versorgt werden, könnte man sagen: Was hier gerade geschieht, ist Diakonie. Wäre das eine mögliche Formulierung, um die Dreieinigkeit zu erklären?

Ja, und sicher nicht die schlechteste. Außerdem hat Liebe – genauso wie Diakonie – immer auch mit Gemeinschaft und Beziehung zu tun. Dazu passt ein Gottesbild, das von Gemeinschaft und Beziehung innerhalb Gottes ausgeht.

Es ist klar, dass dir als einem Theologen solche Gedankenspiele Spaß machen. Für mich wird es gerade ehrlich gesagt eher zu abgehoben. Vielleicht müssten die Theologen und Theologinnen auch einfach lernen zu erkennen, wann sie genug Worte gemacht haben. Und sich stattdessen dem zuwenden sollten, worum es in der christlichen Botschaft eigentlich geht.

Der brasilianische Befreiungstheologe José Comblin schlug vor, dass Theologiestudierende am Leben der armen Bauern teilnehmen und ihr Geld mit Zuckerrohranbau verdienen sollten. Er nannte das die Theologie der Hacke.

Das klingt gut. Vielleicht reicht auch schon ein Praktikum oder freiwilliges Engagement in der Diakonie. Du hattest ja vorhin schon gesagt: Wer Gott begegnen will, muss die Begegnung mit Armen und Kranken suchen. Aus christlicher Perspektive begegnen wir Gott im Mitmenschen. Aber ich wollte noch einmal auf den Heiligen Geist eingehen. Während wir ausführlich über Jesus und über den Schöpfer gesprochen haben, haben wir den Heiligen Geist nur schnell nebenbei abgehakt. Du hast die Bezeichnung vermieden. Es ist ja auch ein merkwürdiger Begriff. Geister passen besser in Gruselgeschichten für Kinder. Stattdessen hast du von der göttlichen Kraft der Liebe gesprochen, die im Menschen wirkt und Vertrauen auf die Liebe schenkt. Ist mit diesem einen Satz schon alles gesagt? Ich konnte mit dem Heiligen Geist nie etwas anfangen. Aber ich weiß, dass für viele Christen und Christinnen im globalen Süden der Heilige Geist für ihre Frömmigkeit eine ganz wichtige Rolle spielt.

Das stimmt. Die pfingstlich-charismatische Bewegung ist die weltweit am stärksten wachsende religiöse Gruppe. Und hier steht das Wirken des Heiligen Geistes im Mittelpunkt des theologischen Interesses. Das führt zu einer erfahrungsorientierten Spiritualität, die in den traditionellen Kirchen manchmal zu kurz kommt.

Wenn ich den Ausdruck erfahrungsorientierte Spiritualität höre, werde ich skeptisch. Wenn der Heilige Geist die göttliche Kraft der Liebe ist, die Liebe in den Menschen weckt, dann erkenne ich sein Wirken nicht an der Intensität individueller spiritueller Erfahrungen. Sondern an der Intensität der ent-

standenen Liebe, die sich letztlich in diakonischem Engagement zeigt. Sonst bezweifle ich, dass es wirklich der Heilige Geist war, der da gewirkt hat.

Man kann die Liebe, mit der Gott aus christlicher Sicht gleichgesetzt wird, tatsächlich nicht von dem trennen, worum es in der Diakonie geht. Das altgriechische Wort für Liebe, das in der Bibel zur Beschreibung Gottes verwendet wird, bedeutet bedingungslose Freundlichkeit, die jeden willkommen heißt.

Was das bedeutet, können Kirche und Theologie wirklich von der Diakonie lernen. Um ein Beispiel zu nennen: Wir haben in unserem Mehrgenerationenhaus eine Fahrradwerkstatt. Da kann jeder mitmachen, anderen etwas beibringen und selber etwas lernen. Neulich kam einer der freiwillig Engagierten zu mir und sagte, er habe dort im Team die Familie gefunden, die er nie hatte. Sein Leben war immer von Armut und Ausgrenzung geprägt. Die Erfahrung von Angenommensein und Wertschätzung hatte er vorher nie gemacht. Seine Augen glänzten, als er mir mitteilte, dass es ihm noch nie in seinem Leben so gut wie jetzt ging. In einem Gottesdienst würde er schon wegen seiner Kleidung komisch auffallen. In einem Kirchenvorstand würde er schon wegen seiner Ausdrucksweise nicht ernst genommen. Wo hätte denn da das Vertrauen auf die Liebe herkommen sollen?

Leider hast du recht. Manchmal ist die Kirche selbst ein Glaubenshindernis. Beziehungsweise die mangelnde Glaubwürdigkeit der Menschen, die an Gott glauben. Lieblosigkeit, Rücksichtslosigkeit und Gleichgültigkeit befördern kein Vertrauen auf die Liebe. Jesus und auch schon die Propheten des Alten Testaments haben übrigens sehr deutliche Worte gefunden für solche Menschen, die fromm tun, aber sich lieblos und mitleidlos verhalten. Besonders schlimm sind auch die unsichtbaren Ausgrenzungsmechanismen, die du ansprichst. Vor rund zweihundert Jahren haben beispielsweise die bürgerlichen Kirchenmitglieder angefangen, sich für den Gottesdienst besonders schick anzuziehen, um sich dem Adel anzunähern und von den ärmeren Schichten abzugrenzen. Seitdem fühlen sich Menschen in einfacher Kleidung vielfach in Gottesdiensten nicht mehr willkommen. Auch das freiwillige Engagement ist in den meisten Kirchengemeinden in eine bestimmte Mittelschichtskultur eingebettet: Welche Formen das Engagement hat, wie man miteinander kommuniziert und diskutiert, welche Rituale in Sitzungen ablaufen. Davon merken die meisten gar nichts. Aber Menschen aus anderen Milieus, die sich engagieren wollen, fühlen sich nicht willkommen.

Wir haben ja mittlerweile schon über einige Glaubenshindernisse gesprochen. Also darüber, was uns daran hindern kann, auf die Liebe zu vertrauen. Oder darüber, was uns gedanklich daran hindern kann, uns auf die christliche Botschaft und das christliche Verständnis von Gott einzulassen: eine areligiöse Erziehung, schlechte Erfahrungen mit Kirche und mit Frommen, unzugängliche religiöse Formen, fundamentalistische, naive oder abgehobene theologische Lehren, der Wunsch nach einer Betonung menschlicher Verantwortung, dass man Gott nicht sehen und anfassen kann sowie fehlende Antworten auf drängende Fragen. Ich möchte noch einen Punkt ergänzen, der mich persönlich immer gestört hat. Nämlich die Dominanz des Männlichen im Gottesverständnis, die ja historisch auch zur Legitimierung der männlichen Dominanz in Kirche und Gesellschaft - auch in Führungspositionen der Diakonie - beigetragen hat. Traditionell spielen schließlich bildliche Ausdrücke wie Vater und Herr eine besonders wichtige Rolle, beispielsweise im Vaterunser oder in Tischgebeten. Und dazu passen Äußerungen zum strengen Gott oder zur Tugend der Gottesfurcht. Es ist ja kein Zufall, dass sich die meisten Menschen Gott als Mann vorstellen.

Es ist ein wichtiges Verdienst der feministischen Theologie, dass sie schon vor einigen Jahrzehnten männerzentrierte Denkmuster und Perspektiven in der Theologie aufgezeigt und hinterfragt hat. Auch im Blick auf Gottesbilder. Wenn man von Gott als Person sprechen will, muss man bildliche Ausdrücke verwenden, die männlich oder weiblich festgelegt sind. Daran sieht man die Begrenztheit aller bildlichen Ausdrücke. Denn natürlich ist Gott weder ein Mann noch eine Frau. Er - man könnte auch sagen sie - ist Gott und kein Mensch. Wenn man von Gott als Liebe spricht, so wie wir es eben getan haben, stellt sich das Problem weniger. Noch ein Vorteil dieser Ausdrucksweise.

Gott ist kein Mensch. Aber manchmal können wir nicht anders von ihm reden, als wenn er ein Mensch wäre. Oder mit ihm reden, als wenn er ein Mensch wäre. Mit dem Gebet ist es so eine Sache. Wir haben vorhin über Diakonie als Gebet mit den Händen gesprochen. Das ist die Art von Gebet, mit der ich am meisten anfangen kann. Außerdem ging es um Klagegebete, die uns dabei helfen, unsere Situation zu bewältigen. Und um meine kleinen Stoßgebete, von denen ich nicht weiß, ob sie jemand hört. Aber die mir manchmal ein bisschen Kraft geben. Und darum, dass es nicht sinnvoll ist, Gott darum zu bitten, die Naturgesetze aufzuheben, damit ein Wunsch in Erfüllung geht. Ich habe schon öfter beobachtet, dass manche Menschen das Gebet als eine Art magisches Zauberritual ansehen. Durch das sie Gott manipulieren und zum Handeln zwingen möchten. Ich muss keine Theologin sein, um zu erkennen, dass diese Art zu beten abergläubisch und unangemessen ist.

Aber wenn Gebet Menschen dabei hilft, eine neue Perspektive einzunehmen, die Welt und andere Menschen durch die Augen Gottes zu sehen, es vielleicht sogar zum Handeln motiviert – sollten wir dann nicht alle mehr beten?

Aber was ist, wenn ich das Gebet oder eine Religion gar nicht brauche, um mich zum Handeln zu motivieren? Was ist, wenn Menschen sich ihre Götter nur ausgedacht haben, um etwas zu haben, worauf sie ihre Wünsche projizieren können? Oder um der Realität und ihrer Verantwortung zu entkommen? Was ist, wenn die Menschen das, was sie bei Gott suchen, eigentlich bei ihren Mitmenschen finden könnten? Dann würden religiöse Menschen ihre Energie an einen imaginären Himmel verschwenden, anstatt sie ihren Mitmenschen zugutekommen zu lassen.

So ähnliche Fragen hat auch schon der Philosoph Ludwig Feuerbach vor knapp zweihundert Jahren gestellt. Und Christen und Christinnen tun gut daran, immer wieder selbstkritisch zu prüfen, inwieweit sie sich ihr Gottesbild nach eigenen Wünschen zurechtzimmern. Und inwieweit sie sich mit frommen Ausreden der Verantwortung für ihre Mitmenschen mitten in der Welt entziehen. Der Philosoph Friedrich Nietzsche ging in seiner Religionskritik sogar noch einen Schritt weiter. Er stellte fest, dass für die traditionelle Gottesvorstellung in der modernen Welt definitiv kein Platz mehr sei. Das meinte er mit seinem berühmten Satz: Gott ist tot. Er gab allerdings auch zu bedenken, dass die Menschen damit überfordert seien, nun selbst die Stelle Gottes einzunehmen und allein die Verantwortung für alles zu übernehmen. Der Kritik an der traditionellen philosophischen Gottesvorstellung schlossen sich im zwanzigsten Jahrhundert viele Theologen und Theologinnen an. Wir haben eben schon darüber gesprochen. In den sechziger Jahren entstand die theologische Strömung der so genannten Gott-ist-tot-Theologie. Danach ist Gott endgültig gestorben, als Jesus starb. Christsein bedeutet nun, nach dem ethischen Vorbild Jesu zu leben und sich ganz auf die Verantwortung für diese Welt zu konzentrieren. Dann gibt es allerdings keinen Unterschied mehr zwischen Christentum und Humanismus.

Das ist aus meiner diakonischen Sicht kein Problem.

Jedenfalls ist Religionskritik nichts, wovor Christen und Christinnen Angst haben müssten. Sondern sie kann für das notwendige Nachdenken über den eigenen Glauben hilfreich und anregend sein. Genau genommen ist sie sogar von Anfang an ein fester Bestandteil des Christentums - und auch schon des Judentums. Die Überzeugung, dass es nur einen Gott gibt, beinhaltete eine Leugnung der Existenz der vielen anderen antiken Götter und deren Entlarvung als Produkte menschlicher Phantasie und Handwerkskunst. Darum standen Juden und Christen damals bei vielen Menschen im - natürlich falschen - Verdacht, Atheisten zu sein. Ob es einen Gott gibt, ob es einen tieferen Sinn gibt, der hinter allem steht, lässt sich wissenschaftlich weder widerlegen noch beweisen. Aus denselben Gründen, mit denen wir vorhin zwischen naturwissenschaftlichen Gedanken zur Weltentstehung und theologischen Gedanken zur Bestimmung der Welt unterschieden haben. Weil man Gott oder einen Sinn nicht messen, wiegen oder zählen kann, kann die Naturwissenschaft ihn nicht widerlegen oder beweisen. Und die Geisteswissenschaft widerlegt oder beweist sowieso nichts, sondern interpretiert. Sowohl Religionskritik als auch so genannte Gottesbeweise können am Ende immer nur die überzeugen, die schon vorher entweder an Gott geglaubt oder den Gottesgedanken abgelehnt haben.

Was meinst du mit so genannten Gottesbeweisen?

Vor allem in der Vergangenheit vertraten manche Theologen und Philosophen die These, dass wir nach ehrlichem Nachdenken gar nicht anders könnten, als von Gottes Existenz auszugehen. Es muss eine allererste Ursache für alles geben, die wir Gott nennen. Es muss jemanden geben, der für die

Ordnung in der Natur gesorgt hat. Das innere Bewusstsein ethischer Pflichten kann nur Gott in uns hineingelegt haben. Wenn wir über Gott nachdenken, können wir gar nicht anders, als immer auch schon seine Existenz vorauszusetzen. Das sind natürlich alles keine Beweise, sondern mehr oder weniger überzeugende Argumente. Aber wir können daraus lernen, dass alle Menschen in ihren Weltanschauungen immer auch Aspekte voraussetzen, die sich nicht beweisen lassen. Im Dialog verschiedener Religionen können diese Gedanken außerdem verbindend wirken. Denn viele Menschen auf der Welt haben beispielsweise religiöse Gefühle der Ehrfurcht oder des Staunens, wenn sie in die Naturlandschaft oder den Sternenhimmel schauen.

Aber hier geht es ja nur um das Gottesverständnis der allgemeinen philosophischen Tradition. Wenn wir auf das Gottesverständnis der speziellen christlichen Tradition schauen, also die Liebe als tieferen Sinn hinter allem – wären dann die Hilfeleistungen von Diakoninnen und Diakonen nicht viel überzeugendere Gottesbeweise? Oder die Erfahrungen, die Adressatinnen und Adressaten in der Diakonie machen?

Da ist viel Wahres dran. Die Diakonie kann Gott zwar nicht beweisen, aber erlebbar machen. Beim Nachdenken über Gott aus christlicher Perspektive geht es weniger darum, abstrakte Erkenntnisse über irgendein unsichtbares Wesen im Himmel zu gewinnen. Stattdessen geht es darum, lebensbezogene Erkenntnisse über den Sinn unseres Lebens zu gewinnen. Der Reformator Martin Luther definierte Gott so: Woran du dein Herz hängst und worauf du dich verlässt, das ist dein Gott.

Das ist ein sehr interessanter Gedanke. Irgendetwas ist jedem wirklich wichtig. Wichtiger als alles andere. Vielen wahrscheinlich Geld. Manchen auch Fußball. Es lohnt sich, einmal darüber nachzudenken, was mir wirklich wichtig ist, was mein Leben bestimmt, was mein Gott ist. Und wenn es so etwas wäre wie Geld oder Fußball, müsste ich ehrlicherweise zugeben, dass das der falsche Gott ist.

Gott verstehen bedeutet, sich selbst und die Welt besser zu verstehen, aus einer neuen Perspektive zu betrachten. Gott als Schöpfer zu erkennen bedeutet, zu erkennen, dass wir selbst eine Bestimmung haben, dass unser Leben einen Sinn hat. Gott als Liebe zu erkennen bedeutet, zu erkennen, dass wir geliebt sind, gewollt und bejaht. Wir können von Gott nur reden, indem wir vom Menschen reden, der von Gott eine Bestimmung hat, der an dieser Bestimmung scheitert und den Gott trotzdem mit sich versöhnt.

Dann lass uns über diese Versöhnung sprechen.

6. Gott möchte eine Gerechtigkeit, die alles und jeden umfasst? Das will ich auch.

An was denkst du, wenn du den Begriff Versöhnung hörst?

Ich denke zuerst an einen Konflikt zwischen zwei Personen, beispielsweise unter Geschwistern, in einer Freundschaft oder in einer Partnerschaft. Durch eine konstruktive Konfliktbewältigung kann die gestörte zwischenmenschliche Beziehung wieder in Ordnung gebracht werden. Die beiden reichen sich die Hand. Sie tragen sich nichts mehr nach. Natürlich kann sich der Begriff Versöhnung auch auf Personengruppen beziehen. Nach dem Ende der Apartheid gab es in Südafrika eine Wahrheits- und Versöhnungskommission. Da sollten Opfer und Täter in einen Dialog gebracht werden. Um eine Grundlage für die notwendige Aufarbeitung und einen gemeinsamen Neuanfang zu schaffen. Feindschaft zu überwinden. Und außerdem kann Versöhnung auch die Versöhnung mit sich selbst meinen. Mit sich ins Reine kommen. Da fallen mir Beispiele aus der Biografiearbeit in der Altenpflege ein. Immer wieder Erlebnisse der Kriegskinder, über die ein Leben lang geschwiegen wurde. Schuldgefühle, Selbstvorwürfe und Verbitterung. Und nachdem Licht in die dunklen Ecken der eigenen Geschichte gebracht worden war, konnten emotionale Verletzungen heilen. Konnte das seelische Gleichgewicht sich wieder einstellen.

Es wundert mich gar nicht, dass dir beim Thema Versöhnung gleich Beispiele aus der Diakonie einfallen. Wenn der Diakoniewissenschaftler Theodor Strohm Recht hat, dann geht es bei diakonischem Handeln am Ende immer um Versöhnung. Nicht nur um punktuelle Notlinderung, sondern um Hilfe für den ganzen Menschen. Um neue Perspektiven, Sinn und Hoffnung. Und eben um Versöhnung – gerade auch mit sich selbst. Aber beispielsweise auch zwischen Gruppen von Menschen.

Das kann in der Gemeinwesendiakonie eine große Rolle spielen. Wenn es verfeindete Gruppen unter den Bewohnern und Bewohnerinnen eines Stadtteils gibt. Oder wenn ein zerrüttetes Verhältnis zwischen der Wohnungsbaugesellschaft und den Mietern und Mieterinnen besteht, das wieder in Ordnung gebracht werden muss. Aber was hat das mit Gott zu tun?

Es hat etwas mit gutem Leben zu tun. Also hat es auch etwas mit Gott zu tun, dem tieferen Sinn, der allem Leben eine gute Bestimmung gibt. Dass es in der Welt insgesamt und im Leben der einzelnen Menschen so viel Unversöhnlichkeit, Lieblosigkeit und gestörte Beziehungen gibt, zeigt die Entfremdung vom tieferen Sinn. Das Scheitern an der guten Bestimmung. Das gestörte Verhältnis zur Liebe. Wenn wir von der Versöhnung zwischen Menschen und von der Versöhnung mit sich selbst sprechen oder von der Überwindung der Lieblosigkeit oder von der Wiederentdeckung des tieferen Sinns – dann sprechen wir immer schon auch von einer Hinwendung zur Liebe, also von einer Versöhnung mit Gott.

Noch einmal ganz einfach: Wenn ich mich mit dem Gedanken anfreunde, dass die Liebe der tiefere Sinn meines Lebens ist, dann freunde ich mich mit Gott an. Denn Gott ist die Liebe. So weit, so gut. Aber bedeutet Versöhnung mit Gott nicht mehr? Ich erinnere mich dunkel daran, dass nach der christlichen Lehre Jesus am Kreuz sterben musste, damit Gott versöhnt wird. Eine gruselige Vorstellung.

Das ist tatsächlich eine gruselige Vorstellung. Und leider geistert diese Vorstellung schon seit Jahrhunderten in vielen Köpfen herum. Aus theologischer Sicht kann man sie aber nur als Ergebnis eines großen Missverständnisses betrachten. Wir haben vorhin über den Ausgangspunkt des christlichen Glaubens gesprochen. Nach der Kreuzigung Jesu schien es zunächst so, als wäre er mit seiner Botschaft der Liebe gescheitert. Aber dann wurde seinen Freunden klar, dass Gott nicht nur das Leben Jesu, sondern sogar noch seinen Tod zum Zeichen für seine unendlich große, bedingungslose Liebe zur Welt und zu den Menschen gemacht hat. Gott war nie der, der versöhnt werden musste. Sondern die Menschen. Gott wurde Mensch, um den Menschen seine Liebe mitzuteilen. Er hielt an dieser Liebe sogar dann noch fest, als die Menschen seine Liebe ablehnten und ihn ermordeten. Seine Liebe war größer als diese Ablehnung. Sie umfasste auch die lieblosen Menschen und überwand so die Lieblosigkeit. Alles das tat er, um die Menschen mit sich zu versöhnen. Noch einmal: Gott war nie der, der versöhnt werden musste. Sondern die Menschen.

Also wäre es nicht nötig gewesen, dass Jesus am Kreuz stirbt?

Als Gott Mensch wurde, um den Menschen seine bedingungslose Liebe mitzuteilen, und er das ohne Wenn und Aber tat, auch mit der Bereitschaft, gegebenenfalls Ablehnung, Zurückweisung und sogar Gewalt auszuhalten – da war es abzusehen, dass es zum Schlimmsten kommt. So sind die Menschen. Und als es dazu kam, war es nötig, den Weg bis zum bitteren Ende zu gehen. So ist echte Liebe. In diesem Sinne kann man sagen, dass es nötig war. Aber es war nicht nötig, um irgendeine kosmische Gerechtigkeit wiederherzustellen oder um Gottes Rachegelüste zu befriedigen oder um Gott gnädig zu stimmen – wie bei einem religiösen Opferritual.

Aber ich hätte schwören können, dass mir genau solche Deutungen des Todes Jesu schon in Gottesdiensten begegnet sind. Zum Beispiel bei den Worten, die vor dem Abendmahl gesprochen werden: Der Wein ist wie das Blut Jesu, das für die Menschen vergossen wird, oder so ähnlich. Jetzt kommt bei mir gerade eine Kindheitserinnerung hoch. Ich fand das damals schon abstoßend. Ein Gott, der Menschenopfer und Blutvergießen fordert? Ein Gott, der einen Unschuldigen anstelle der Schuldigen bestraft, noch dazu mit dem Tod? Ein Gott, der von Vergebung predigt, aber selbst nicht einfach vergeben kann?

Es stimmt. Die biblischen Texte verwenden verschiedene bildliche Ausdrücke, um über die Bedeutung des Lebens und Sterbens Jesu für die Menschen zu sprechen. Vorhin hatten wir festgestellt, dass es schwer ist, über Gott zu sprechen. Es geht nur mit Hilfe bildlicher Ausdrücke, die aber nie hundertprozentig passen. Genauso ist es auch, wenn wir über die Bedeutung des Lebens und Sterbens Jesu sprechen wollen. Es geht nur mit Hilfe bildlicher Ausdrücke, die aber nie hundertprozentig passen. Einer dieser bildlichen Ausdrücke wurde aus der Erfahrungswelt religiöser Opferrituale übernommen: Die Bedeutung des Lebens und Sterbens Jesu hat etwas gemeinsam mit der symbolischen Aussage von Tieropfern. Nämlich, dass Verletzungen der guten göttlichen Bestimmung lebenszerstörend sind und verarbeitet werden müssen. Leider sind die Risiken für Missverständnisse bei diesem bildlichen Ausdruck sehr hoch. Das zeigt deine Kindheitserinnerung. Darum spricht viel dafür, auf ihn zu verzichten, wenn keine Zeit für ausführliche Erklärungen da ist. Weniger missverständlich ist beispielsweise der bildliche Ausdruck der Versöhnung, der aus der Erfahrungswelt der Diplomatie zwischen verfeindeten Völkern übernommen wurde. Die Bedeutung des Lebens und Sterbens Jesu hat etwas gemeinsam mit der Versöhnung verfeindeter Völker: Nämlich, dass eine gestörte Beziehung wieder in Ordnung gebracht und ein gemeinsamer Neuanfang ermöglicht wurde – und zwar zwischen Gott und den Menschen.

Ja, mit dem bildlichen Ausdruck der Versöhnung kann ich eindeutig mehr anfangen als mit dem bildlichen Ausdruck des Opferrituals. Aber was hat es eigentlich mit dem Begriff Rechtfertigung auf sich? Davon war im Kontext des Reformationsjubiläums vor wenigen Jahren in kirchlichen Artikeln ständig die Rede. Anscheinend war das ein wichtiger Gedanke des Reformators Martin Luther?

Stimmt. Luther bezog sich gerne auf einen weiteren bildlichen Ausdruck, der sich in biblischen Texten findet, um über die Bedeutung des Lebens und Sterbens Jesu für die Menschen zu sprechen. Der bildliche Ausdruck Rechtfertigung wurde aus der Erfahrungswelt des Gerichtswesens übernommen: Die Bedeutung des Lebens und Sterbens Jesu hat etwas gemeinsam mit der Situation eines schuldigen Angeklagten in einem Gerichtsprozess: Der Mensch muss sich vor einer höheren Stelle verantworten und darf nicht auf einen Freispruch hoffen. Allerdings hat die biblische Botschaft hier eine überraschende Pointe: Die bedingungslose göttliche Liebe, die im Leben und Sterben Jesu deutlich wird, gibt den Menschen einen Grund, darauf zu vertrauen, dass der göttliche Richter ihnen den unverdienten Freispruch gewährt. Also sich so verhält, wie sich ein menschlicher Richter niemals verhalten würde. Und indem Menschen darauf vertrauen und verstanden haben, dass sie sich die Liebe Gottes weder verdienen können noch müssen, verändert sich ihr Leben. Und ihre Perspektive. Sie können ihre eigene Unvollkommenheit besser akzeptieren. Sie können die Unvollkommenheit anderer Menschen besser akzeptieren. Sie lassen sich immer mehr auf die Liebe ein.

Das klingt mir ein wenig zu einfach. Als eine, die dieses Vertrauen nicht hat, muss ich doch etwas Wasser in den Wein gießen. Ich erinnere an das, was du vorhin gesagt hast. Wir können es uns nicht aussuchen, ob wir auf die Liebe vertrauen oder nicht. Nur Gott kann das notwendige Aha-Erlebnis schenken. Und manchen schenkt er es nicht, obwohl sie danach suchen. Ihr Theologen habt keine Antwort auf die Frage, warum er es nicht jedem und jeder schenkt. Und wenn ich an die Lebensgeschichte mancher Klientinnen und Klienten aus der diakonischen Arbeit denke, dann verstehe ich gut, warum sie große Schwierigkeiten damit haben, darauf zu vertrauen, dass sie jemand bedingungslos liebt. Abgesehen davon gefällt mir der bildliche Ausdruck aus dem Gerichtswesen nicht besonders gut. Wenn ich über Liebe sprechen will, denke ich nicht an Gerichtsprozesse. Und zur Zeit Luthers war das vielleicht anders - aber heute denkt doch auch niemand mehr, dass er sich vor dem Richterstuhl Gottes verantworten muss. Steckt dahinter nicht das überholte, noch dazu eher männliche Gottesbild, über das wir vorhin sprachen?

Hast du eine Idee für einen zeitgemäßeren bildlichen Ausdruck für die Bedeutung des Lebens und Sterbens Jesu?

Eigentlich wäre das ja der Job der Theologen und Theologinnen. Aber ich kann gerne mithelfen. Vor dem Hintergrund der Erfahrungswelt einer Langzeiterwerbslosen könnte man es vielleicht so formulieren: Mit der bedingungslosen Liebe Gottes zum Menschen ist es so, als ob eine Hartz IV-Berechtigte zu ihrem Fallmanager ins Jobcenter geht. Aber anstelle von Sanktionen erhält sie ein bedingungsloses Grundeinkommen. Das gibt ihr das Gefühl, dass ihre Würde nicht länger durch ihre Erwerbslosigkeit in Frage gestellt wird. Sie erhält neuen Lebensmut. Oder vor dem Hintergrund der Erfahrungswelt eines Geflüchteten könnte man es vielleicht so formulieren: Mit der bedingungslosen Liebe Gottes zum Menschen ist es so, als ob ein Geflüchteter ohne Aufenthaltstitel von der Polizistin, die ihn aus der Abschiebehaft abholt, eine unbefristete Aufenthaltserlaubnis in die Hand gedrückt bekommt. Kein Verstecken mehr. Keine Angst mehr. Kein Mensch zweiter Klasse mehr. Sondern ein Mensch mit Rechten, zu dem seine Umwelt Ja sagt. Passt das? Ich kann mir nicht helfen, aber ich habe das Gefühl, dass es sinnvoller wäre, seine Zeit damit zu verbringen, sich für die Würde von Erwerbslosen oder Geflüchteten einzusetzen, als damit, nach Vergleichen wie diesen zu suchen. Bleiben wir doch einfach bei der Formulierung von der Versöhnung. Die war ja nicht schlecht.

Wenn wir auf Jesus schauen, sehen wir die menschgewordene bedingungslose Liebe. Und damit erkennen wir gleichzeitig den versöhnenden Gott und den mit der Liebe versöhnten Menschen. Im Kreuzestod Jesu erkennen wir auf den ersten Blick nichts von Gott. Vor allem, wenn wir bei Gott an einen leuchtenden König im Himmel denken. Aber auf den zweiten Blick können wir vielleicht genau darin Spuren der Liebe und damit Spuren Gottes erkennen. Nach Luther können wir überhaupt nur dann angemessen von Gott sprechen, wenn wir vom Kreuz sprechen. Vom Gott, der so voller Liebe ist, dass er bereit ist, alle himmlische Herrlichkeit aufzugeben und zu leiden. Der uns dann, wenn wir leiden, besonders nahe ist. Den man nicht auf den ersten, sondern erst auf den zweiten Blick erkennt. Weniger im Palast, sondern am Kreuz. Weniger im frisch bezogenen Himmelbett, sondern in der schmutzigen Krippe. Weniger im bejubelten Popstar, sondern im ignorierten Bettler. Weniger im Fußball-Weltmeister, sondern im Mensch mit Behinderung. Der Mensch, der sich mit diesem Gott versöhnen lässt, muss nicht länger versuchen, perfekt zu sein. Er darf sich selbst verzeihen, dass er seinen eigenen übermenschlichen Idealen nicht genügt. Und er kann anderen verzeihen. Er lernt sein eigenes wirkliches Menschsein zu lieben. Und das schwache, verletzliche, begrenzte menschliche Leben anderer.

Da ist Gott wieder einmal wie ein Diakon oder eine Diakonin. Und wir sind seine Klienten und Klientinnen, die dazu befähigt und ermutigt werden, ein besseres Leben zu führen. Wenn Luther sagt, dass die Theologie nicht von der himmlischen Herrlichkeit, sondern vom Kreuz her denken soll, dann gilt das doch für die Diakonie erst recht. Wir dürfen uns beispielsweise nicht nur auf Adressaten konzentrieren, bei denen die Erfolgsaussichten hoch sind, und die anderen links liegen lassen. So wie die Jobcenter das mit Langzeiterwerbslosen machen. Wir müssen gerade auch die schwierigen, hoffnungslosen oder unheilbaren Fälle annehmen – und aushalten. Vorhin haben wir gesagt, dass die Diakonie als eine praktische Interpretation der christlichen Botschaft, als eine Verkündigung der christlichen Botschaft mit Taten anstatt mit Worten betrachtet werden kann. Gerade beim Thema Versöhnung machen Taten ja auch wirklich mehr Sinn als Worte. Zumindest sind hier Worte allein wenig überzeugend. Ich denke beispielsweise an die diakonische Straffälligenhilfe. In diesem Arbeitsfeld unterstützen Sozialarbeitende Straffällige dabei, Ängste und Probleme zu bewältigen. Damit die Klienten und Klientinnen wieder ein einigermaßen normales Leben führen können und keine weiteren Straf-

taten begehen, müssen sie sich mit sich selbst, mit der Gesellschaft und möglichst auch mit ihren Opfern versöhnen. So ein Täter-Opfer-Ausgleich ist manchmal ein langer und schwieriger Weg. Aber oft gelingt es, den Frieden zwischen Täter und Opfer wiederherzustellen. Sei es durch Gespräche, Einladungen, Wiedergutmachungsleistungen oder eine Entschuldigung und die Annahme dieser Entschuldigung.

Ja, der Weg zu Versöhnung und Frieden ist manchmal lang und schwierig. Auch die Versöhnung Gottes mit der Welt und den Menschen ist noch nicht abgeschlossen. Es geht nicht nur um das Seelenheil einzelner Menschen. Es geht um die Hoffnung auf eine Versöhnung, die alles und jeden umfasst. Die keinen ausschließt, der je gelebt und gelitten hat. Die Hoffnung auf einen Frieden, der alles und jeden umfasst. Auf eine Gerechtigkeit, die alles und jeden umfasst. Im diakonischen Handeln kann diese umfassende Versöhnung punktuell und symbolisch sichtbar gemacht werden. In der Aufhebung von Trennungen, in der Überwindung von Ausgrenzungen, in der Sorge für gerechte Lebensmöglichkeiten. Nicht mehr - aber auch nicht weniger. Und immer wenn Gemeinschaft wiederhergestellt wird, immer wenn Menschen, denen ein Unrecht zugefügt wurde, vergeben können, ist das ein kleines Wunder - manchmal auch ein großes.

Gott möchte eine Gerechtigkeit, die alles und jeden umfasst? Das will ich auch. Dafür setzen sich viele Mitarbeitende der Diakonie täglich ein. Über die politischen und ökonomischen Hindernisse dabei habe ich vorhin schon einiges gesagt. Und über die menschlichen Grenzen dabei hast du vorhin schon einiges gesagt. Und natürlich gibt es auch ganz unterschiedliche Vorstellungen von Gerechtigkeit. Meine Dozentin im Studium - ich hatte sie schon erwähnt, weil sie mit uns über Menschenbilder gesprochen hat - hat mit uns auch über Gerechtigkeitsvorstellungen gesprochen. Sie war ganz begeistert von dem Thema. Weil damals neue Ansätze die Soziale Arbeit inspirierten. Wenn ich mich richtig erinnere, fasste sie das ungefähr so zusammen: Früher definierten die Ethiker und Ethikerinnen Gerechtigkeit so, dass entweder Leistung belohnt werden sollte oder dass die vorhandenen Besitztümer nach dem Bedarf der Menschen umverteilt werden sollten. Aber dann setzte sich der Gedanke durch, dass es bei Gerechtigkeit in erster Linie um Teilhabe geht. Gesellschaftliche Teilhabe. Wie kann man die Zugangschancen zu Bildung, Gesundheit, Wohnen, Arbeit und so weiter verbessern? Wie kann man Menschen befähigen, sich selbständig an gesellschaftlichen Aktivitäten und Entscheidungsprozessen zu beteiligen? Wie kann der Ausschluss von gesellschaftlicher Teilhabe verhindert werden? Beispielsweise durch eine ausreichende Grundsicherung. Wie kann Ausgrenzung abgebaut werden? Beispielsweise durch inklusive Ansätze in der Behindertenhilfe.

Ja, der Gedanke der Teilhabegerechtigkeit passt gut zur christlichen Ethik. In der biblischen Tradition hat soziale Gerechtigkeit meist mit gesellschaftlicher Zugehörigkeit und Solidarität zu tun. Aber wenn christliche Theologie von der Gerechtigkeit Gottes und der Gerechtigkeit der Menschen spricht, dann meint sie damit auch noch etwas anderes.

Nämlich die Versöhnung zwischen Gott und Menschen. Dass Gott solidarisch mit den Menschen ist. Und dass die Menschen von Gott bedingungslos angenommen werden. Dass die Entfremdung vom tieferen Sinn überwunden ist. Dass das Scheitern an der guten Bestimmung und die damit verbundene Schuld vergeben ist. Dass das gestörte Verhältnis zur Liebe geheilt ist.

Wenn Theologen und Theologinnen von Schuld sprechen, dann gehen bei mir die innerlichen Rollläden herunter. Ich habe mich nie als arme Sünderin gefühlt, die Vergebung braucht.

Den Begriff Sünde hast du jetzt ins Spiel gebracht. Aber du hast Recht: Wenn in der Vergangenheit Menschen Sünde vorgeworfen wurde, dann oft um ihnen ein schlechtes Gewissen zu machen und sie klein zu halten. Viel Schaden wurde auf diese Weise angerichtet. Unter dem Deckmantel vermeintlich christlicher Lehren wurden Menschen Verletzungen zugefügt. Wurde Vertrauen auf die Liebe unmöglich gemacht. Außerdem haben sich mit diesem Begriff im Lauf der Zeit so viele merkwürdige Deutungen verbunden, dass man ihn eigentlich kaum noch verwenden kann. Von der unangemessenen gedanklichen Verbindung von Sünde und Sexualität bis zur verharmlosenden Rede von Verkehrssündern. Manche Theologen und Theologinnen fordern deswegen, die Sünde aus dem theologischen Wortschatz zu streichen.

Klingt vernünftig.

Ich wäre eher dafür, den Begriff klarzustellen und Missverständnisse aufzuklären. Aber lass uns lieber erst einmal über das Thema Schuld sprechen. Ganz untheologisch.

Menschen geben für alles gerne irgendjemandem die Schuld. Wenn eine Fußballmannschaft verliert, wird der Trainer entlassen. Wenn ein Polizeieinsatz schiefläuft, wird der Rücktritt des Innenministers oder der Innenministerin gefordert. Nur selbst will nie jemand schuld sein oder für etwas die Verantwortung übernehmen. Obwohl es auch das andere Extrem gibt, wenn Menschen im Fernsehen der ganzen Welt ihre private Lebensgeschichte erzählen. Mit allen Fehlern, die sie gemacht haben. Vor dem Hintergrund der diakonischen Begleitung von Klienten und Klientinnen kann ich sagen, dass es natürlich Fälle gibt, in denen Menschen Dinge getan haben, mit denen sie sich selbst, anderen Menschen oder sogar der ganzen Gesellschaft geschadet haben. Das darf man nicht relativieren. Dafür müssen sie Verantwortung übernehmen. Aber andererseits ist es wichtig, diese Menschen nicht nur als Monster zu betrachten. Sie sind nicht immer böse. Das Bösesein ist keine Eigenschaft wie die Haarfarbe. Man muss zwischen der Person und ihren Taten unterscheiden. Manche sind krank und brauchen Hilfe. Manche bekommen schon früh ihr Päckchen mit auf den Weg: Lieblosigkeit, Gewalt, Perspektivlosigkeit. Sogar schon vor der Geburt: Wenn sich beispielsweise eine schwangere Frau als Opfer von Gewalt fühlt, dann wirkt sich das negativ auf die Entwicklung des Gehirns und das Immunsystem ihres Babys aus.

Mir reicht es zunächst, dass wir uns darüber einig sind, dass es bestimmte Gegebenheiten in dieser Welt gibt, die jeder wahrnehmen kann. Es gibt Erfahrungen von Schuld und Scham. Es gibt Erfahrungen von Bosheit und Egoismus. Es gibt Erfahrungen von beschädigten Beziehungen und Lieblosigkeit. Es gibt Erfahrungen von tiefsitzender Angst und Sinnlosigkeit. Das kann jeder wahrnehmen. Egal, ob man an Gott glaubt oder nicht.

Einverstanden. Aber wozu soll jetzt die Rede von Sünde gut sein?

Wenn Menschen das innere Aha-Erlebnis hatten, dass Gott sie bedingungslos liebt, dass Gott Ja zu ihnen sagt, obwohl sie unvollkommen sind, dann wächst in ihnen Vertrauen auf die Liebe. Sie werden Christen und Christinnen. Nun betrachten sie ihr Leben aus einer neuen Perspektive. Sie verstehen, dass Gott ihrem Leben eine gute Bestimmung gegeben hat. Dass sie diese Bestimmung immer verfehlt haben und auch weiterhin regelmäßig verfehlen. Und dass es hier nicht nur um eine kleine Beeinträchtigung geht, sondern um eine beherrschende und zerstörerische Tendenz. Und für die Verfehlung der guten Bestimmung von Gott hat die theologische Tradition den Begriff Sünde geprägt. Jetzt sehen die Gläubigen auch die Erfahrungen in einem neuen Licht, von denen wir eben gesprochen haben: Schuld und Scham, Bosheit und Egoismus, beschädigte Beziehungen und Lieblosigkeit, tiefsitzende Angst und Sinnlosigkeit. Vor dem Hintergrund ihres Glaubens deuten sie diese Erfahrungen nun als Erscheinungsformen und Folgen der Verfehlung ihrer guten Bestimmung von Gott. Also als Erscheinungsformen und Folgen der Sünde.

Nochmal langsam: Sünde ist also ein anderes Wort für Verfehlung der guten Bestimmung von Gott. Dann ist Sünde so etwas wie die theologische Deutung des Grundcharakters unseres Lebens. Eine Deutung, die sich aber nur für diejenigen Menschen nahelegt, die eine bestimmte religiöse Erfahrung gemacht haben. Nämlich die Erfahrung der bedingungslosen Liebe Gottes, durch die ihnen ihre Bestimmung klar wurde und damit auch deren Verfehlung. Dafür braucht man irgendein Wort, und das ist Sünde. Gut. Wenn man ihn so definiert, ist gegen den Begriff nichts einzuwenden. Aber dir ist schon klar, dass die meisten Menschen mit dem Begriff Sünde etwas ganz anderes meinen? Auch im kirchlichen Umfeld ist mir der Begriff schon oft ganz anders begegnet: Fremdgehen ist Sünde. Lügen ist Sünde. CO_2-Verbrauchen ist Sünde. Sünde ist eine ethisch böse Tat und die daraus folgende Schuld. Wenn eine Pfarrperson jemanden als Sünder oder Sünderin bezeichnet, dann wirft sie diesem Menschen vor, dass er etwas ethisch Böses getan hat und deswegen schuldig ist. Und oftmals sind die dahinterliegenden Vorstellungen von dem, was ethisch böse ist, auch noch höchst fragwürdig. Beispielsweise Homosexualität oder Aufbegehren gegen die Obrigkeit.

Es stimmt, dass der Begriff häufig in diesem moralisierenden Sinne verwendet wird. Das ist jedoch theologisch nicht angemessen. Und was du zuletzt gesagt hast, zeigt auch gut, warum das so ist. Auch das ethische Empfinden der Menschen ist geprägt von der Bestimmungsverfehlung, also von der Sünde. Bei der Sünde geht es um etwas Tiefersitzendes als bei der Ethik. Zwar sind böse Taten und Schuld Erscheinungsformen und Folgen der Sünde. Aber wenn wir über Sünde reden, geht es nicht um die ethische Unterscheidung von Gut und Böse. Sondern es geht um Verlorenheit und Scheitern, um Misslingen und Verhängnis, um fehlendes Vertrauen auf die Liebe und innere Unfreiheit. Auch darum, warum wir oft dasjenige nicht tun, was wir als gut erkannt haben. Der Theologe Wilfried Härle betont deswegen auch, dass man über Sünde nicht im Ton der Anklage und des Vorwurfs sprechen sollte, sondern im Ton der gemeinsamen Klage über die traurige Situation. Nach Luther kann man über Sünde so reden wie über eine Krankheit oder eine Seuche. Dieses sprachliche Bild passt ganz gut zu unserer Erfahrung mit Corona. Wir wissen, wie es sich anfühlt, wenn sich etwas unaufhaltsam ausbreitet, das uns schadet, das uns einschränkt, das uns Angst macht, dem wir hilflos gegenüberstehen.

Eine Zwischenfrage: Wo kommt eigentlich die Sünde her? Aber ich befürchte, ich kenne deine Antwort. Es ist dieselbe wie bei den Fragen, warum Gott das Leid zulässt und warum er manchen das Liebes-Aha-Erlebnis nicht schenkt. Sie lautet, dass die Theologie darauf leider keine Antwort hat, stimmt's?

Stimmt. Früher haben Theologen als Antwort gerne die biblische Geschichte erzählt, in der Adam und Eva die verbotene Frucht im Garten Eden essen, nachdem die Schlange ihnen diesen Tipp gegeben hat. Aber erstens werden der Hang zur Sünde und die Existenz der Schlange in dieser Geschichte schon vorausgesetzt. Und zweitens geht es in dieser Geschichte eigentlich um ein anderes Thema, nämlich um den Wert und die Ambivalenz von Wissen. Der Begriff Sünde kommt in diesem Text gar nicht vor. Keiner der theologischen Antwortversuche auf die Frage nach dem Ursprung der Sünde, die ich kenne, überzeugt mich. Darum wird dich wohl erst recht keiner davon überzeugen.

Wenn ich dich richtig verstanden habe, dann ist Sünde nichts, was jeder Mensch wahrnehmen könnte. Sondern es ist eine theologische Deutung, die erst aus der Perspektive der eigenen Glaubenserfahrung möglich ist. Menschen ohne religiösen Glauben, so wie ich, können zwar über Erfahrungen, wie Schuld, Bosheit, Lieblosigkeit, Sinnlosigkeit und so weiter, sprechen. Aber wir interpretieren sie nicht religiös. Also brauche ich den Sündenbegriff nicht. Und die moralisierenden Gedanken, die ich immer mit dem Sündenbegriff verbunden habe, sind anscheinend theologisch unangemessen. Insofern ist es doch wohl das Beste, wenn ich den Begriff aus meinem Wortschatz streiche.

Ja, bevor du den Begriff moralisierend verwendest, verwende ihn besser gar nicht. Und auch Pfarrer und Pfarrerinnen sollten sich gut überlegen, wann sie den Begriff verwenden und wann besser nicht. Weil er nur aus der Perspektive des Glaubens angemessen verstanden werden kann, gehört er auch nur in Kontexte, in denen Gläubige unter sich sind. Wenn man über Sünde mit Menschen spricht, die selbst die Vergebung Gottes nicht erlebt haben, besteht erstens die Gefahr, dass sie es als totale Infragestellung der eigenen Person erleben. Dann haben sie nur die Wahl zwischen trostloser Verzweiflung und innerer Abschottung gegen die Botschaft aus Selbstschutz. Und zweitens besteht die Gefahr, dass sie den Begriff moralisierend missverstehen. Dann denken sie, sie könnten sich selbst von der Sünde erlösen, indem sie sich nur genug anstrengen, gute Taten zu tun.

Was soll daran schlecht sein, wenn man sich bemüht, gute Taten zu tun?

Natürlich ist es gut, wenn man sich bemüht, gute Taten zu tun. Wir haben vorhin schon einmal darüber gesprochen. Solange man nicht denkt, dass Gottes Liebe von unserem ethischen Handeln abhängt. Dass man sich Gottes Liebe durch gutes Handeln verdienen könnte oder müsste. Dass man sich dadurch selbst erlösen könnte, die Sünde dadurch überwinden könnte. Denn wir haben ja oft genug gesagt: Bei der Sünde geht es um etwas Tiefersitzendes als bei der Ethik. Um Verlorenheit und Scheitern, um Misslingen und Verhängnis, um fehlendes Vertrauen auf die Liebe und innere Unfreiheit. Das sind nicht nur kleine Mängel, die wir durch eigene Anstrengung überwinden können. Sondern es geht wie gesagt um eine theologische Interpretation des Grundcharakters unseres ganzen Daseins. Als geprägt von Bestimmungsverfehlung. Als erlösungsbedürftig. Als Ausdruck eines Schadens in unserem tiefsten Inneren.

Das klingt mir jetzt ein bisschen zu pessimistisch. Wir haben ja schon ausführlich über Menschenbilder gesprochen. Eigentlich fand ich das christliche Menschenbild sympathisch: Wir müssen nicht perfekt sein, damit Gott uns lieben kann. Wir dürfen unvollkommen sein. Das, was uns ausmacht, liegt nicht in dem, was wir haben, können oder leisten, sondern in dem, was wir in den Augen Gottes sind. Wir haben eine unbedingte Würde. Wir haben eine gute Bestimmung zu einem Leben mit Liebescharakter. Da bin ich mit allem einverstanden. Aber du hast vorhin auch gesagt, dass das christliche Menschenbild andere Akzente setzt als das humanistische. Jetzt wird mir klar, was du gemeint hast. Für mich ist beispielsweise der Gedanke wichtig, dass jeder Mensch einen guten Kern hat und sich positiv entwickeln kann. Wenn du das Selbsterlösung nennen möchtest - von mir aus. Und wenn jemand glaubt, dass Gott ihm dabei hilft, dann kann das ja nichts schaden.

Du hast den Unterschied bei unseren Menschenbildern sehr gut auf den Punkt gebracht. Und hier wird auch noch einmal deutlich, dass Sünde eben keine Kategorie ist, die jeder plausibel finden muss. Sondern eine Deutung unseres Daseins aus der Perspektive des Glaubens. Ich kann dir nicht beweisen, dass diese Deutung angemessen ist. Dass die schlimmen Dinge auf dieser Welt, die wir täglich erleben, etwas damit zu tun haben, dass unser Verhältnis zu Gott, zur Liebe, verkorkst ist. Und dass in unserem tiefsten Inneren etwas grundlegend nicht stimmt. Ich kann nur versuchen, meine Sichtweise verständlich darzustellen und Missverständnisse auszuräumen. Wir reden gerade von etwas, das man Grundsünde nennt. Und das allem schuldhaften, boshaften oder zerstörerischen Handeln immer schon zugrunde liegt. Zum einen in Form einer inneren Unfreiheit, die immer schon da ist. Auf unser tiefstes Inneres, wo unser Gefühl und unser Wille sitzen, haben wir selbst keinen entscheidenden Einfluss. Wir wissen selbst nicht, warum wir oft dasjenige nicht tun, was wir als gut erkannt haben. Zum anderen in Form von zerstörerischen Strukturen, in die wir immer schon eingebunden sind – ob wir wollen oder nicht. Wir werden hineingeboren in eine Welt voller gestörter Beziehungen. Wir werden durch andere in Muster lieblosen Handelns hineingezogen und wirken dadurch wieder auf andere zurück. Wir leben beispielsweise innerhalb ungerechter Wirtschaftsstrukturen und sind dadurch mitverantwortlich für Ausbeutung und Unterdrückung – egal, was wir tun. Jeder ist immer schon gleichzeitig Opfer und Täter. Wir freuen uns über günstige Angebote und tragen dadurch unbeabsichtigt zum Ausbau des Niedriglohnsektors bei. Und wenn wir uns politisch erfolgreich dafür einsetzen, dass der Niedriglohnsektor in Deutschland beschränkt wird, dann wird er infolgedessen wahrscheinlich in einem anderen Land gefördert. Wir leiden unter diesen Strukturen und festigen sie gleichzeitig selbst permanent. Wir sind darin gefangen ohne jede Chance, uns ihrer zu entledigen. Das meint die christliche Tradition mit dem Begriff Grundsünde.

Das kann ich nachvollziehen. Wir sind beispielsweise auch in Strukturen gefangen, durch die wir permanent der Umwelt schaden. Wir können unseren ökologischen Fußabdruck verkleinern, aber nicht loswerden. Wir brauchen ein Handy, *um in unserer Gesellschaft leben und Beziehungen pflegen zu können. Aber in den Handys stecken Metalle und seltene Erden, deren Gewinnung Kinderarbeit und Kriege befördert. Und deren Entsorgung zur Verseuchung des Grundwassers in Ländern des globalen Südens führt. Wir wissen, dass wir den lebenszerstörenden Klimawandel befördern. Wir wollen das nicht. Aber wir tragen jeden Tag weiter dazu bei. Wir können unsere CO_2-Bilanz reduzieren. Wir können Bäume pflanzen, um unseren CO_2-Ausstoß zu kompensieren. Aber wir können eben nicht aufhören, mit jedem Atemzug CO_2 auszustoßen. Wir können auf Urlaubsflüge verzichten. Aber auch Zugfahren verbraucht CO_2. Und am Ende leiden die ärmsten Menschen am meisten unter den Folgen. Darum ist auch das weltweite Engagement der Diakonie im Bereich der Unterstützung einer wirtschaftlich und ökologisch nachhaltigen Entwicklung so wichtig. Aber man kommt einfach nicht heraus aus diesen Zusammenhängen. Diese Grunderfahrung gibt es. Insofern hat die christliche Tradition mit ihrem Sündengedanken vielleicht doch einen interessanten Aspekt erkannt. Aber wenn ich deine Aussagen von eben ernst nehme, dann hättest du doch mit mir gar nicht über das Thema Sünde reden dürfen, oder? Schließlich kann es – wie du gesagt hast – nur aus der Perspektive des Glaubens angemessen verstanden werden. Und ich gehöre zwar irgendwie zur Kirche, aber nicht zu den Gläubigen im eigentlichen Sinn.*

Aber erstens hast du den Begriff der Sünde nun einmal ins Spiel gebracht. Zweitens hatte ich genügend Zeit, um den Begriff angemessen zu erklären. Und drittens gehörst du für mich nicht nur irgendwie zur Kirche. Sondern mehr, als du vielleicht selbst denkst. Das hängt natürlich davon ab, was man unter Kirche versteht. Du wünschst dir doch mehr inklusives Denken in der Kirche.

Dann lass uns über die Kirche sprechen.

7. Die Kirche muss diakonischer werden, damit auch wirklich Kirche drin ist.

Du hast im Laufe unseres Gesprächs schon den einen oder anderen Gedanken zur Kirche geäußert: Du bist skeptisch gegenüber Institutionen im Allgemeinen und gegenüber der Institution Kirche im Besonderen. Als Gründe dafür hast du einerseits dunkle Episoden der Kirchengeschichte genannt und andererseits eine zu geringe Unterstützung diakonischer Arbeit.

Ich habe auch gesagt, dass man kein Kirchenmitglied sein muss, um gute diakonische Arbeit zu leisten. Und dass sich arme Menschen in der Kirche normalerweise nicht willkommen fühlen. Ich stehe zu meiner inhaltlichen Kritik. Aber meine Skepsis gegenüber Institutionen möchte ich etwas relativieren. Ich mag zwar Institutionen nicht, weil sie für mich wie ein Korsett sind. Sie machen Vorgaben, wie man sich zu verhalten hat. Sie schränken die individuelle Freiheit ein. Außerdem sind sie oft intransparent und beteiligen die betroffenen Menschen zu wenig. Aber ich sehe ein, dass es Institutionen geben muss, damit ein Zusammenleben vieler verschiedener Menschen funktioniert. Und damit bestimmte gesellschaftliche Bedürfnisse einen zuverlässigen Ort haben. Ich sehe ein, dass es Organisationen geben muss, damit schwierige Aufgaben gemeinsam erledigt werden können. Darum gibt es ja auch die Diakonie. Einzelne Menschen ohne eine Organisation im Rücken könn-

ten professionelle Hilfe in einem so großen Stil nicht leisten.

Du denkst also, wenn du das Wort Kirche hörst, an die Kirche als Organisation und Institution. Manche andere denken, wenn sie das Wort Kirche hören, an Kirchengebäude. Evangelische Theologen und Theologinnen denken, wenn sie das Wort Kirche hören, zuerst an etwas anderes. Nämlich an die Kirche, die niemand sehen kann. Die Gemeinschaft der Menschen, die auf Gott, also auf die Liebe, vertrauen. Und weil man Vertrauen nicht sehen kann, weiß nur Gott, wer zu dieser Gemeinschaft gehört. Zu dieser Kirche, die niemand sehen kann.

Alle Menschen sehnen sich nach Gemeinschaft. Alle Menschen brauchen Gemeinschaft. Aber ich finde meine Gemeinschaft eher an anderen Orten. Beispielsweise im Team am Arbeitsplatz. Oder im Sportverein. Die Gottesdienste, die ich erlebt habe, haben mich überhaupt nicht angesprochen. Immer der gleiche Ablauf. Und gar kein Dialog. Ehrlich gesagt kann ich mir noch nicht einmal vorstellen, dass eine Kirchengemeinde irgendetwas anbietet, wo ich gerne hingehen würde. Aber wenn andere Menschen in der Kirche eine Gemeinschaft finden, in der sie sich wohlfühlen und Halt finden, freut mich das für sie. Und dann hat die Kirche auch einen Zweck. Es ist gut, wenn es Orte gibt, an denen man sich über Sinnfragen austauschen kann. Aber das muss nicht die Kirche sein. Ich persönlich würde eher zu meinen Freunden gehen, wenn ich das Bedürfnis habe, über Sinnfragen zu sprechen. Als du eben gesagt hast, dass Kir-

che eine Gemeinschaft wäre, bei der nur Gott weiß, wer dazu gehört, hat mir das auf den ersten Blick gefallen. Denn das heißt ja, dass kein Mensch das Recht hat, zu einem anderen Menschen zu sagen: Du gehörst nicht dazu. Das wäre also eine Kirche für alle oder mit allen – Inklusion pur. Aber auf den zweiten Blick wurde mir klar, dass ich mich zu früh gefreut habe. Wenn Kirche definiert wird als die Gemeinschaft der Menschen, die auf Gott, also auf die Liebe, vertrauen, dann schließt das ja wieder andere Menschen aus. Und noch dazu nach einem Kriterium, auf das die Menschen keinen Einfluss haben. Im Unterschied dazu möchte diakonische Arbeit grundsätzlich offen für alle Menschen sein.

Es wäre ein Missverständnis, wenn die Kirchendefinition als Ausschlusskriterium gedeutet würde. Dein erster Gedanke dazu hat das Inklusions-Potenzial des Ansatzes besser getroffen. Jeder, der auf die Liebe vertraut, gehört dazu. Auch jeder, der zwar im Moment daran zweifelt, dass die Liebe als tieferer Sinn hinter allem steht, aber der nach der Liebe fragt und sucht. Unabhängig davon, ob derjenige Mitglied der Organisation Kirche ist und Kirchensteuer bezahlt oder nicht. Unabhängig davon, ob derjenige sich selbst als Christ oder Christin bezeichnet oder nicht. Aber wer mit der Liebe nichts zu tun haben will, gehört nicht zu der Kirche, die keiner sehen kann. Das ist weder ein Vorwurf noch eine Abwertung des Menschen noch ein Zutrittsverbot. Es ist einfach eine Feststellung. Weil der Begriff Kirche nun einmal so definiert ist. So wie der Begriff Einwohner Berlins definiert ist als Mensch, der gerade in Berlin wohnt. Und wer gerade nicht in Berlin wohnt, ist eben kein Einwohner Berlins.

Wenn Liebe das Kriterium ist, dann würden die meisten, die in der Diakonie arbeiten, zur Kirche, die niemand sehen kann, gehören. Denn wer hier arbeitet, lebt den ganzen Tag praktische Nächstenliebe. Warum sollte man das machen, wenn man nicht an die Liebe glaubt? Und andererseits würden viele, die Mitglied der Organisation Kirche sind, wahrscheinlich nicht zur Kirche, die niemand sehen kann, gehören. Nämlich diejenigen, denen beispielsweise Geld oder Fußball wichtiger ist als die Liebe. Das sind vermutlich auch diejenigen, die Diakonie nicht so wichtig finden.

Das stimmt. Aber mir ist es wichtig zu betonen, dass man nicht diakonisch handeln muss, damit man dann zur Kirche, die niemand sehen kann, gehört. Sondern weil man zur Kirche, die niemand sehen kann, gehört, handelt man diakonisch. Wer auf die Liebe vertraut, in dessen Leben wird auch Liebe sichtbar. Wenn in einem Leben keine Liebe sichtbar wird, dann kann man auch nicht wirklich sagen, dass dieser Mensch auf die Liebe vertraut. Es ist einfach nur eine Beschreibung, die sich aus der Definition ergibt. Keine ethische Anweisung. Sonst bestünde nämlich wieder einmal die Gefahr, dass die christliche Botschaft von der bedingungslosen Liebe Gottes nicht mehr richtig verstanden wird. Und dass der Eindruck erweckt wird, dass Gottes Liebe eben doch nicht bedingungslos ist, sondern von unserem ethischen Handeln abhängt. Dass wir uns Gottes Liebe durch gute Taten verdienen müssten. Die Angst vor diesem Missverständnis ist wahrscheinlich einer der Gründe dafür, warum die Diakonie in der Theologie so stiefmütterlich behandelt wird.

Keine Sorge. Diese Unterscheidung hast du wieder und wieder deutlich gemacht.

Überall da, wo Gott, die Kraft der Liebe, in Menschen wirkt und ihnen Vertrauen auf die Liebe oder Sehnsucht nach der Liebe schenkt, entsteht Kirche, die niemand sehen kann. Denn Menschen, deren Leben zunehmend Liebescharakter gewinnt, wollen nicht allein für sich bleiben. Liebe strebt nach Gemeinschaft und Beziehung. Es entsteht wie von selbst eine Gemeinschaft von Menschen, die eine gemeinsame Erfahrung und Orientierung verbindet – überall auf der Welt. Und aus dieser gemeinsamen Erfahrung und Orientierung ergibt sich auch ein gemeinsamer Auftrag: Die Botschaft der Liebe weitergeben in Wort und Tat. Dann lebt die Liebe, die in Jesus Mensch geworden ist, in der Welt weiter.

Und was ist mit den Menschen, die doch lieber für sich allein bleiben? Ich habe schon öfter mit Menschen gesprochen – vor allem mit Männern –, die sich als Christen fühlen, aber keine Kirche brauchen. Stattdessen machen sie lieber sonntags allein einen Spaziergang im Wald. Und erleben das als spirituelle Erfahrung.

Ich maße mir kein abschließendes Urteil über die Religiosität anderer Menschen an. Ob jemand zur Kirche, die keiner sehen kann, gehört, weiß nur Gott. Menschen können an unterschiedlichen Orten Gemeinschaft erleben. Und Menschen können auf unterschiedliche Weise Liebe weitergeben. Ansonsten finde ich, dass du selbst vorhin eine plausible Formulierung gefunden hast: Wenn es wirklich die göttliche Kraft der Liebe war, die an einem Menschen gewirkt hat, dann erkennt man das nicht an der Intensität individueller spiritueller Erfahrungen. Sondern an der Intensität der entstandenen Liebe, die sich letztlich in diakonischem Engagement zeigt.

Wir reden die ganze Zeit von der Kirche, die keiner sehen kann. Aber was ist mit der Kirche als Organisation und Institution? Es ist ja schön, wenn es eine Gemeinschaft von Menschen gibt, die von der Liebe ergriffen wurden und die Liebe weitergeben. So wie Jesus das getan hat. Aber dabei ist es ja leider nicht geblieben. Es entstanden Ämter und Machtstrukturen. Es entstanden Gesetze und Zwangsabgaben. Die Kirche wurde reich, gewalttätig und unglaubwürdig. Schauen wir auf die Situation heute in Deutschland: Obwohl wir eigentlich ein moderner Staat sind, klappt es mit der Trennung von Kirche und Staat nicht so richtig. Der Staat gibt der Kirche unheimlich hohe Summen und erhebt auch noch Kirchensteuern. Statt weltanschaulich neutral zu sein, bevorzugt er die Kirche gegenüber anderen Religionsgemeinschaften und lässt sie sogar in öffentlichen Schulen Religionsunterricht erteilen. Und die Kirche verzichtet dafür auf Kritik an der Politik und an der gesellschaftlichen Ungerechtigkeit. Da ist nicht mehr viel von Jesus erkennbar.

In verschiedenen Ländern gibt es unterschiedliche Regelungen zum Verhältnis von Kirche und Staat. Je nachdem, welche Erfahrungen Staat und Kirche in der jeweiligen Geschichte miteinander gemacht haben. Beispielsweise in Frankreich hat man sich für eine radikale Trennung entschieden. Und beispielsweise in Dänemark hat man sich gegen eine Trennung entschieden. In Deutschland hat man sich für einen Mittelweg entschieden: Prinzipielle Trennung, aber enge Zusammenarbeit. Aufgrund der Erfahrungen mit dem nationalsozialistischen Staat, der alle Gesellschaftsbereiche dominiert hat, wollte man danach lieber einen Staat, der sich freiwillig überall dort zurückhält, wo andere gesellschaftliche Akteure Aufgaben übernehmen können. Zum Beispiel bei der weltanschaulichen Erziehung in Schulen oder im Sozialbereich. Darum erbringen in Deutschland Wohlfahrtsverbände, wie die Diakonie, viele sozialstaatliche Angebote. Diese werden natürlich auch durch den Staat und Sozialversicherungen finanziert. Aber das sind keine Geldgeschenke des Staates an die Kirche. Die Kirche bekommt vom Staat lediglich kleinere Ausgleichszahlungen für frühere Enteignungen. Die machen aber nur zwei Prozent der kirchlichen Finanzierung aus. Hauptsächlich finanziert sich die Kirche aus Mitgliedsbeiträgen, die lediglich Kirchensteuern genannt werden und für deren Einziehung der Staat von der Kirche bezahlt wird.

In Ordnung. Wenn es um das Thema Kirche, Staat und Geld geht, muss man wohl stärker differenzieren. Im Blick auf den Sozialstaat finde ich das politische Grundprinzip auch gut, dass der Staat nicht alles selbst macht, sondern anderen

Akteuren, wie der Diakonie, den Vortritt lässt. Wir sind einerseits flexibler und aus der Sicht vieler Klienten und Klientinnen vertrauenserweckender als der Staat. Und andererseits sind wir gemeinnützig und darum weniger auf zahlungskräftige Adressaten und Adressatinnen fokussiert als kommerzielle Anbieter. Allerdings wird dieses sinnvolle politische Grundprinzip seit einigen Jahren politisch ausgehöhlt. Infolge des neuen Finanzierungsprinzips bestimmt der Staat doch wieder über alle Inhalte und bevorzugt auch kommerzielle Anbieter, wenn sie nur etwas billiger sind.

Und wir sind schon mitten im Thema Kirche als Organisation und Institution. Es ist nicht nur so, dass viele Mitarbeitende der Diakonie zur Kirche, die niemand sehen kann, gehören. Sondern die Diakonie als Organisation gehört auch zur Kirche, die man sehen kann. Auch wenn sie als selbständiger Verein aufgestellt ist. Die Kirche, die niemand sehen kann, ist die Gemeinschaft der Menschen, die auf die Liebe vertrauen und die den Auftrag haben, die Liebe in Wort und Tat weiterzugeben. Um diesen Auftrag ausführen zu können, brauchen diese Menschen beheizte Räume, ausgebildetes Personal, finanzielle Mittel, Strukturen und so weiter. Das ist die Kirche, die man sehen kann. Ohne die Kirche, die man sehen kann, wären diese Menschen handlungsunfähig. Umgekehrt hat die Kirche, die man sehen kann, ihre Daseinsberechtigung nur, weil und solange es die Kirche gibt, die man nicht sehen kann.

Moment mal. Das wird gerade alles ein wenig verwirrend. Für mich bedeutet das Folgendes: Eine normale Kirchenge-

meinde mit allen ihren Strukturen ist dazu da, Menschen dabei zu unterstützen, die Liebe in Wort und Tat weiterzugeben. Also insbesondere, um diakonische Aktivitäten zu unterstützen. Eine Kirchengemeinde, die das nicht tut, verliert ihre Daseinsberechtigung. Der christliche Gott lässt sich nicht am Notleidenden vorbei lieben. Eine Kirchengemeinde, in der niemand Interesse an diakonischen Aktivitäten hat, wäre ein Stück Kirche, die man sehen kann, aber ohne ein Stück Kirche, die niemand sehen kann, dahinter. Also wäre es eigentlich gar keine Kirche, sondern würde sich zu Unrecht so nennen. Es wäre stattdessen ein Haufen Heuchler. Aber bei einer diakonischen Beratungsstelle oder einem diakonischen Krankenhaus ist das anders. Sogar wenn sie nichts mehr mit der Kirche zu tun hätten, wenn da niemand mehr arbeiten würde, der zur Kirche, die niemand sehen kann, gehört – auch wenn das unwahrscheinlich ist –, würden solche Einrichtungen trotzdem nicht ihre Daseinsberechtigung verlieren. Weil dort sinnvolle soziale Arbeit geleistet wird. Man könnte dann eben auf die Bezeichnung diakonisch verzichten und dafür das Wort sozial einsetzen. Aber wäre das schlimm?

Du hast dich im alten Streit um die Verhältnisbestimmung von verfasster Kirche und verfasster Diakonie klar positioniert. Und ich kann deine Position nachvollziehen. Die Diakoniewissenschaftler Heinz Rüegger und Christoph Sigrist haben übrigens vor wenigen Jahren ebenfalls gefordert, auf den Begriff Diakonie zu verzichten. Sie argumentieren, dass der Begriff in die Irre führe, da es keinen Unterschied zwischen sozialem Handeln mit oder ohne christlichen Hintergrund gebe. Ich vermute hinter deiner klaren Positionierung allerdings ein anderes Motiv. Nämlich eine Reaktion auf arrogant wirkende kirchliche Äußerungen zur Diakonie. Wenn der Diakonie abgesprochen wird, eine vollwertige, eigenständige Gestalt von Kirche zu sein. Oder wenn eine Unterordnung der Diakonie unter die Kirche gefordert wird. Man darf nicht vergessen, dass die Bedeutung der Diakonie wächst, während gleichzeitig die Bedeutung der klassischen Kirche geringer wird. Aber vor allem angesichts der theologischen Gründe, die du genannt hast, sollte man für das Verhältnis von Kirche und Diakonie neue Bilder verwenden. Beispielsweise nicht Mutter und Tochter, sondern Zwillingsschwestern. Oder zwei Seiten einer Münze. Oder jeweils ein Flügel, die zusammen die beiden Flügel ergeben, mit denen ein Engel fliegen kann. Alternativ dazu gibt es auch noch die theologische Position, die davon ausgeht, dass sich die Kirche im Lauf der Jahrhunderte immer weiter in die Gesellschaft und die Kultur hinein auflösen darf. Die Gesellschaft wird, wenn man dieser Position glaubt, immer christlicher, ob sie es merkt oder nicht. Übrig bleiben dann irgendwann nur noch der gesetzliche Schutz der Menschenwürde und der Menschenrechte, der Sozialstaat und – die Diakonie.

Ich habe vor allem an die endlose Debatte über das diakonische Profil gedacht, die mir auf Schritt und Tritt begegnet, seit ich in der Diakonie arbeite. Wirklich geärgert habe ich mich einmal über eine Stellungnahme des Kirchenparlaments der Evangelischen Kirche in Deutschland. Da maßte sich die Kirche an, der Diakonie vorschreiben zu wollen, wie sie ihr Arbeitsrecht zu gestalten habe. Begründet wurde das mit dem Satz: Wo Kirche draufsteht, muss auch Kirche drin sein. Die Kirche sagt also der Diakonie, was sie gefälligst tun soll, damit sie sich künftig noch als Teil der Kirche bezeichnen darf? Geht's noch? Natürlich stimmt der Satz: Wo Kirche draufsteht, muss auch Kirche drin sein. Aber nicht die Diakonie hat hier Hausaufgaben zu machen, sondern die Kirche. Die Kirche muss diakonischer werden, damit auch wirklich Kirche drin ist – und wenn sie als Institution in ein paar Jahren überhaupt noch eine Relevanz haben will. Und wir sind gerne dazu bereit, der Kirche dabei zu helfen. Das ist einer der Grundgedanken der Gemeinwesendiakonie: Kirche und Diakonie gehen gemeinsam in den Stadtteil und sorgen gemeinsam mit den Menschen vor Ort für bessere Strukturen und Lebensbedingungen.

Ich finde auch, dass der Ansatz der Gemeinwesendiakonie eine große Chance dafür bietet, Kirche und Diakonie einander wieder anzunähern. Vor allem kann die Kirche dadurch ihre diakonische Identität wiederentdecken und diakonischen Gemeindeaufbau betreiben. In der Kirche muss dasjenige, was die meisten Menschen an ihr besonders gut finden, auch vorkommen: Diakonie. Indem eine Kirchengemeinde sich hinter ihren Kirchenmauern hervortraut und Verantwortung für den Stadtteil oder das Dorf übernimmt, entsteht Gemeinschaft, die die Grundlage von Kirche ist. Und noch dazu eine inklusive Gemeinschaft. Eine Kirche für andere und mit anderen. Die Diakonie war immer schon die Brücke der Kirche in die Welt. Diakonie bietet allen Menschen die Möglichkeit, Kirche zu erleben. Durch gemeinwesendiakonisches Engagement wächst nun auch die Bereitschaft der Kirchengemeinde, Milieugrenzen zu überwinden. So dass sich endlich auch wieder arme Menschen willkommen fühlen. Man kann die Welt nicht allein verändern, nur zusammen. Auch darum brauchen Christen und Christinnen die Kirche.

Manchmal bringt es allerdings mehr, mit Amnesty International oder der Gewerkschaft zusammenzuarbeiten, als mit der Kirche, wenn man etwas für Menschen erreichen will.

Das ist für die Kirche hoffentlich ein Ansporn. Wenn sich zukünftig Theologen und Theologinnen mit der Kirche beschäftigen, dann werden sie sich bevorzugt mit Fragen beschäftigen müssen, welche die Diakonie betreffen. Beispielsweise die Frage nach dem diakonischen Profil Sozialer Arbeit, die in der Vergangenheit in theologischen Büchern gar nicht vorkam. Auch wenn sie dir schon zu den Ohren herauskommt.

Natürlich soll die Diakonie ein Profil haben. Aber dafür muss sie nicht kirchlicher werden. Dafür müssen die Mitarbeitenden keine Kirchenmitglieder sein. Und dafür muss es auch keine Andachten geben. Es spricht ja nichts dagegen, Andachten anzubieten. Solange niemand dazu verpflichtet wird, daran teilzunehmen. Aber ich ärgere mich, wenn der Eindruck erweckt wird, als wäre helfendes Handeln erst dann vollwertig oder christlich, wenn es mit einer Predigt verbunden wird.

Da hast du Recht. Eine gute Predigt ist eine Weitergabe der Botschaft der Liebe mit Worten. Und diakonisches Handeln ist eine Weitergabe der Botschaft der Liebe mit Taten. In beiden Fällen können die Adressaten und Adressatinnen die Erfahrung machen, dass ihnen Gott, die Liebe, persönlich begegnet und ihnen ein Aha-Erlebnis schenkt. Diese Begegnung wurde früher in der Theologie Wort Gottes genannt. Und die Weitergabe der Botschaft der Liebe in Wort oder Tat wurde früher in der Theologie Wortverkündigung genannt. Diese mehrdeutigen Ausdrücke führten oft zu dem Missverständnis, dass die Weitergabe der Botschaft der Liebe am besten mit Worten funktionieren würde. Das ist natürlich Unsinn. Die Begegnung mit Gott kann genauso gut auch dort stattfinden, wo Menschen keine Worte machen. Insbesondere in der Diakonie. Der barmherzige Samariter musste ja auch nicht predigen oder beten, um seinem helfenden Handeln dadurch diakonisches Profil zu geben.

Und die Diakonie gewinnt auch nicht dadurch ihr Profil, dass sie sich künstlich vom Roten Kreuz abgrenzt. Einmal hat eine Kollegin mir erzählt, dass sie manchmal deprimiert ist. Weil sie das Gefühl hat, dass sie ihre Arbeit nicht gut genug macht. Sie arbeitet zwar nach den höchsten fachlichen Standards und gibt alle ihre Energie hinein. Aber sie konnte nicht sagen, inwiefern sich ihre Beratungsarbeit von derjenigen der Kollegen und Kolleginnen anderer Träger unterscheidet. Irgendjemand hatte ihr aber gesagt, dass sich ihre Arbeit unterscheiden müsste. Dass ein diakonisches Plus sichtbar sein müsste. Aber worin dieses diakonische Plus konkret bestehen sollte, konnte er ihr auch nicht sagen. Warum sollten wir unser Profil daran festmachen, was uns vom Roten Kreuz unterscheidet? Wenn das Rote Kreuz in seinem Leitbild so wie wir von der Menschenwürde spricht, dann sollen wir die Menschenwürde aus unserem Leitbild herausstreichen, oder was? Vielleicht ist ja das Rote Kreuz diakonischer, als es ahnt. Als ich angefangen habe, bei der Diakonie zu arbeiten, hatte ich Glück: Bei uns im Kollegium erlebte ich tatsächlich ein freundliches und faires Miteinander. Ich fühlte mich gleich willkommen und gut aufgehoben. Ich hatte auch den Eindruck, dass der Mensch im Vordergrund steht und nicht nur wirtschaftliche Aspekte. Aber mir ist klar, dass es auch diakonische Einrichtungen gibt, wo es nicht so gut läuft. Und dass es Einrichtungen anderer Träger gibt, wo es genauso gut läuft. Die fachlichen Standards sind überall dieselben. Die ökonomischen Rahmenbedingungen sind überall dieselben. Und die Menschen sind auch überall dieselben – mit ihren Stärken und Schwächen. Darum sollte man das diakonische Profil nicht in Abgrenzung zu anderen Trägern definieren. Sondern völlig unabhängig von dem, was andere in ihre Leitbilder schreiben. Aber wir sollten uns auch nicht wundern, wenn überall etwas Ähnliches steht. Dadurch wird es ja nicht falsch.

Woran würdest du das diakonische Profil in deiner Arbeit festmachen?

Wenn ich ein paar Gedanken zur christlichen Lehre, die mir in unserem Gespräch klargeworden sind, mit meinen Erfahrungen verbinde, würde ich es so beschreiben: Erst einmal ist es ja eine bestimmte Deutung, wenn Soziale Arbeit als diakonisch bezeichnet wird. Die Trägerorganisation sagt: Die Liebe, die wir in unserem helfenden Handeln weitergeben, ist ein Geschenk Gottes. Ist dieselbe, die Jesus vorgelebt hat und die als tieferer Sinn hinter allem steht. Durch diese Deutung wird die Soziale Arbeit natürlich weder besser noch schlechter. Aber es ist eben die Tradition, aus der wir kommen. Damit diese Deutung nicht unglaubwürdig wirkt, sollte das Profil der Arbeit zu den Grundgedanken der christlichen Botschaft passen. Und zwar unabhängig davon, ob andere Träger das genauso machen. Das heißt für mich: Die bedingungslose Würde aller Klienten und Klientinnen, aber auch aller Mitarbeitenden wird unbedingt geachtet. Menschen werden mit ihren Schwächen angenommen. Fehler dürfen zugegeben werden. Niemand muss sich profilieren. Vorurteile werden vermieden. Man engagiert sich in der täglichen Arbeit und auch lautstark politisch für die Verbesserung der Lebensbedingungen und Teilhabemöglichkeiten der Adressaten und Adressatinnen – und auch für gute Arbeitsbedingungen für die Mitarbeitenden. Daran würde ich diakonisches Profil festmachen.

Ja, bei den Arbeitsbedingungen und Löhnen für die Mitarbeitenden in der Diakonie gibt es oft noch Luft nach oben. Aber du kennst ja sogar noch besser als ich die politischen Rahmenbedingungen, die den diakonischen Arbeitgebern die Hände binden. Es ist ja nicht so, dass die Löhne absichtlich niedrig gehalten werden, um höhere Gewinne an irgendwelche Aktionäre und Aktionärinnen ausschütten zu können – wie bei einem Automobilhersteller. Diakonische

Unternehmen sind schließlich gemeinnützig und müssen alle ihre Gewinne wieder in ihre Soziale Arbeit investieren. Sondern die Löhne sind hier niedrig, weil der Staat nun einmal aufgrund politischer Entscheidungen keine höheren Löhne refinanziert.

Das stimmt. Darum habe ich ja auch gesagt, dass sich die Diakonie lautstark politisch für die Verbesserung der Arbeitsbedingungen einsetzen muss. Mehr kann sie vielleicht nicht tun. Aber lautstärker und vor allen Dingen professioneller in der politischen Lobbyarbeit könnte sie schon noch werden. Sonst kann ihr das auf die Füße fallen. Ich werde nie vergessen, wie ich einmal als Vertreterin der Diakonie bei einer Podiumsdiskussion der Gewerkschaft etwas zum Thema soziale Gerechtigkeit gesagt habe. Da kamen kritische Zwischenrufe aus dem Saal zur Niedriglohnbeschäftigung in der Diakonie und zum kirchlichen Arbeitsrecht, das Arbeitnehmern und Arbeitnehmerinnen Rechte vorenthält. Das war eine peinliche Situation. In diesem Moment konnte ich nicht gerade stolz darauf sein, bei der Diakonie zu arbeiten. Heute weiß ich allerdings auch, dass die Gewerkschaft die kirchlichen Arbeitsbedingungen manchmal schlechter darstellt, als sie in Wirklichkeit sind. Sie hat eben auch bestimmte Interessen. Aber es stimmt trotzdem, dass das kirchliche Arbeitsrecht nicht mehr zeitgemäß ist. Auch wenn es immer mit der Aussage gerechtfertigt wird, dass wir alle eine Dienstgemeinschaft wären. Das ist ein hübsches Wort. Aber wenn man es ernst nimmt, lassen sich doch damit höchstens bessere, aber nicht schlechtere Arbeitsbedingungen begründen.

Dienstgemeinschaft ist ursprünglich kein theologischer, sondern ein politischer Begriff aus der Zeit des Nationalsozialismus. Nach dem Zweiten Weltkrieg wurde er instrumentalisiert, um das problematische kirchliche Arbeitsrecht zu rechtfertigen. Dadurch hat er in den Ohren vieler Mitarbeitender der Diakonie heute einen schlechten Klang und sollte besser aufgegeben werden. Hätte der Begriff nicht diesen Hintergrund, würde er auf den ersten Blick gut zur evangelischen Vorstellung von der Organisation des Miteinanders in der Kirche passen. In der kirchlichen Gemeinschaft soll es keine zwei Klassen von Christen und Christinnen geben. Pfarrer und Pfarrerinnen sind nicht näher bei Gott als die anderen. Sie haben keine Vermittlerposition zwischen Gott und den anderen. Alles, was sie tun, können prinzipiell auch die anderen tun. Das ist der größte theologische Unterschied der evangelischen zur katholischen Lehre.

Aber die Pfarrer und Pfarrerinnen haben doch auch in der evangelischen Kirche eine besondere Position. Sie bestimmen. Und normalerweise traut sich auch keiner, ihnen zu widersprechen. Sogar in diakonischen Einrichtungen sitzen oft in den höchsten Leitungspositionen Pfarrer und Pfarrerinnen. Sogar dann, wenn sie keine Ahnung von Sozialer Arbeit oder von Management haben. Und wenn sie auftreten, habe ich eigentlich nie das Gefühl, als ob alle Christen und Christinnen auf der gleichen Stufe stehen. Wissen die evangelischen Pfarrer und Pfarrerinnen das überhaupt?

Manche Pfarrer und Pfarrerinnen müsste man vielleicht hin und wieder daran erinnern. Es spricht natürlich auch aus evangelischer Sicht nichts dagegen, dass es Pfarrer und Pfarrerinnen gibt. Damit sich Kirchengemeinden darauf verlassen können, dass zuverlässig in jedem Gottesdienst gepredigt wird und dass das auf einem gewissen Niveau geschieht, werden Personen, die Theologie studiert haben, dazu beauftragt. Aber diese Beauftragung ist aus evangelischer Sicht eine ganz unspektakuläre Sache. Sie verleiht diesen Personen keine besonderen Befähigungen und keinen besonderen religiösen Status. Pfarrer und Pfarrerinnen haben eine bestimmte Aufgabe, aber diese ist nicht christlicher oder wichtiger als die Aufgabe des Lehrers, der Polizistin oder des Sozialarbeiters. Alle Mitglieder der Kirche haben gleichermaßen die Aufgabe, die Liebe weiterzugeben. Und sie können es in ihren jeweiligen Berufen auf verschiedene Weise tun. Welche Stellen für welche Berufsgruppen die Kirche schafft, wer der Vorgesetzte von wem ist und wie man zu Entscheidungen kommt – da ist aus evangelischer Sicht erst einmal alles möglich. Es kommt bei der Gestaltung der kirchlichen Strukturen nur darauf an, dass der Auftrag, die Botschaft der Liebe in Wort und Tat weiterzugeben, möglichst gut erfüllt werden kann. Natürlich gibt es geltende Kirchengesetze zu den Strukturen. Aber die sind nicht in Stein gemeißelt und dürfen auch verändert werden.

Dann spricht viel dafür, beispielsweise die Position der Diakone und Diakoninnen in den Kirchengemeinden zu stärken. Schließlich sieht man am diakonischen Engagement, ob die Kirche lebt. Und alle Bereiche der Gemeindearbeit brauchen ein diakonisches Vorzeichen. Genauso wie alle Themen der Theologie.

Manche Theologen und Theologinnen haben mittlerweile erkannt, dass man bei der Frage nach dem Unterscheidungskriterium zwischen wahrer und falscher Kirche das Stichwort Diakonie nicht einfach ignorieren kann. Wenn man die Botschaft Jesu ernst nimmt. Aber der Mainstream der evangelischen Theologie tut trotzdem genau das. Warum? Die Reformatoren definierten damals, dass man die wahre Kirche an einer der christlichen Botschaft entsprechenden Wortverkündigung sowie Ausführung von Taufe und Abendmahl erkennt. Wir haben vorhin schon festgestellt, dass christliche Wortverkündigung sowohl mit Worten als auch mit Taten erfolgen kann. Aber die Taten geraten dabei manchmal in Vergessenheit. Und Taufe und Abendmahl sind sicherlich wichtige Formen, in denen Menschen die Liebe Gottes sinnlich erfahren können. Und die Jesus den Christen und Christinnen aufgetragen hat. Aber das gilt alles ebenso für diakonisches Handeln. Während also Predigt, Taufe und Abendmahl traditionell etwas überbetont werden, kommt die Diakonie zu kurz. Vielleicht auch aus Angst vor dem theologischen Missverständnis, dass man sich Gottes Liebe durch gute Taten erst verdienen müsse.

Taufe und Abendmahl sollen also so wichtig sein? Ich wurde als kleines Kind getauft. Aber ist das nicht übergriffig, wenn die Eltern einfach so über ihre Kinder verfügen und Entscheidungen für sie treffen, ohne sie zu fragen? Heute verzichten ja viele Eltern auf eine Kindertaufe. Damit die Kinder später selbst entscheiden können, ob sie getauft werden möchten. Wenn sie alt genug dazu sind und verstehen, worum es geht. Dann kann das für sie ja auch erst ein richtiges Bekenntnis zu Jesus und seiner Botschaft sein. Und sie können sich dann später auch noch daran erinnern.

Wenn man die Taufe als Bekenntnis des Menschen versteht, ist natürlich eine Erwachsenentaufe besser. Aber wenn man die Taufe als Mittel Gottes dafür versteht, dem Menschen mitzuteilen, dass er genau ihn bedingungslos liebt und dass er eine voraussetzungslose Würde hat, dann spricht auch einiges für die symbolische Kraft der Kindertaufe. Denn bei einem Kind kann noch niemand auf den Gedanken kommen, dass es irgendwelche Bedingungen oder Voraussetzungen erfüllen müsste. Und die Eltern, die ihre Kinder nicht taufen lassen, verfügen genauso über sie und treffen auch eine Entscheidung für sie, ohne sie zu fragen. Eine wirkliche eigene Entscheidungsfreiheit für eine spätere Taufe haben Kinder eigentlich nur dann, wenn sie in ihrer Erziehung etwas von der bedingungslosen Liebe Gottes gehört haben. Und natürlich müssen getaufte Kinder ebenso in ihrer Erziehung etwas von der bedingungslosen Liebe Gottes hören, damit sie etwas von ihrer Taufe haben. Die eigentliche Frage ist also gar nicht, ob jemand als Kind oder Erwachsener getauft wird. Sondern ob seine Erziehung religiöse Erfahrungswelten eröffnet oder verschlossen hält.

Wenn die Taufe etwas mit der bedingungslosen Annahme von Menschen zu tun hat, dann hat sie auch etwas mit dem Grundprinzip der Diakonie zu tun. Mir ist es nur wichtig, dass die Taufe nicht dazu benutzt wird, um Menschen auszuschließen. Nach dem Motto: Du bist nicht getauft, also gehörst du nicht zur Kirche. Oder du bist nicht getauft, also kommst du nicht in den Himmel. Aber so viel habe ich mittlerweile von der christlichen Botschaft verstanden, dass ich mich wundern würde, wenn jemand so reden würde. Andererseits habe ich beim Abendmahl am eigenen Leib Ausgrenzung erlebt. Als Konfirmandin musste ich regelmäßig an Gottesdiensten teilnehmen. Aber wenn alle zum Abendmahl nach vorne gingen, musste ich in der Bank sitzen bleiben. Mir wurde gesagt, dass ich erst nach der Konfirmation teilnehmen dürfte. Das war kein schönes Gefühl.

Es tut mir leid, dass du diese Erfahrung gemacht hast. Dabei hat Jesus bei seinen Mahlzeiten besonders gerne diejenigen Menschen eingeladen, mit denen die Frommen nicht essen wollten. Gemeinsames Essen war Jesu Methode, um sich anderen Menschen zuzuwenden und zu zeigen, dass sie von Gott angenommen sind. Ungefähr so wie bei Nachbarschaftsfesten in der Gemeinwesendiakonie. Beim Abendmahl erinnern sich die Christen und Christinnen gerade auch diese Mahlzeiten Jesu. Und natürlich an die bedingungslose göttliche Liebe, die im Leben und Sterben Jesu deutlich wurde. Das Abendmahl hat also einen diakonischen Hintergrund. Es soll die Menschen schmecken lassen, dass sie von Gott angenommen sind. Und es soll den Menschen Lust darauf machen, sich anderen Menschen zuzuwenden. Menschen vom Abendmahl auszuschließen – das würde dem Sinn des Abendmahls widersprechen. Leider ist das trotzdem immer wieder getan worden. Weil man eine bestimmte Bibelstelle lange Zeit missverstanden hat. In dieser Bibelstelle geht es darum, dass man Arme beim Abendmahl nicht ausgrenzen darf. Aber sie wurde dahingehend missverstanden, als dürften nur besonders gute Christen und Christinnen überhaupt am Abendmahl teilnehmen. Das ist natürlich Unsinn. Wenn man die Taufe allen Menschen voraussetzungslos anbietet, muss das für das Abendmahl auch gelten.

Klingt logisch. Aber ehrlich gesagt, raucht mir langsam ein wenig der Kopf. Ich hätte nie gedacht, dass ich mich überhaupt jemals drei Stunden lang ohne Pause über theologische Themen unterhalten könnte. Als ich damals bei der Diakonie angefangen habe, musste ich für ein Wochenende an einem so genannten Wir-Seminar teilnehmen. Mit lauter neuen Mitarbeitenden und einer Pfarrerin. Ich weiß nur noch, dass das Essen gut war. Aber was die Pfarrerin erzählt hat, ging bei mir zum einen Ohr herein und zum anderen Ohr heraus. Vielleicht war es für mich einfach der falsche Zeitpunkt. Aber theologisch in die Tiefe - wie bei unserem Gespräch - ging es damals jedenfalls nicht. Daran würde ich mich sonst erinnern. Wenn ich über das eine oder andere nachgedacht habe, können wir unsere Unterhaltung auch gerne irgendwann fortsetzen.

Du hast Recht. Man soll aufhören, wenn es gerade am schönsten ist. Ich habe heute wirklich sehr viel von dir gelernt. Vielen Dank. Und Gottes Segen für dich und deine großartige Arbeit.

Schlussgedanke

»Es fehlt noch etwas. So etwas wie ein Schlusswort.« Das war die allererste Rückmeldung, die ich zum vorliegenden Buch erhalten habe. Darum möchte ich das hiermit versuchen. Für mich war dieses Projekt kein Neuland. Ich habe mich aufgrund meines beruflichen Werdegangs immer als Grenzgänger und Brückenbauer zwischen Theorie und Praxis, zwischen Kirche und Diakonie sowie zwischen Systematischer Theologie und Diakoniewissenschaft verstanden. Von solchen Brücken gibt es leider noch viel zu wenige. Ich wünsche mir, dass dieses Buch beim Brückenbauen hilft. Dass viele Mitarbeitende in der Diakonie Lust auf Gespräche über ihre theologischen Fragen bekommen. Dass sie sich trauen, ihre eigenen Gedanken zu formulieren. Und dass die Theologen und Theologinnen in der Diakonie, in der Kirche und in der Wissenschaft ihnen zuhören, von ihnen lernen. Und an den vielen Stellen weiterdenken, an denen in diesem Buch interessante Fragen nur angedeutet werden konnten.

Auch wenn ich schon unzählige Gespräche mit Mitarbeitenden der Diakonie über theologische Themen geführt habe, waren die sechs Gespräche, die ich im Vorfeld der Abfassung dieses Buches geführt und dokumentiert habe, besonders intensiv. Ich habe nicht nur sehr viele Gedanken gesammelt, die ich der fiktiven Dialogpartnerin in den Mund legen konnte und durch die dieses Buch erst authentisch wird. Ich habe auch selbst wieder viel gelernt und Anregungen zum Weiterdenken erhalten. Dafür sage ich noch einmal Danke.

Erwähnte sowie weiterführende Literatur

Bach, Ulrich: Dem Traum entsagen, mehr als ein Mensch zu sein, Neukirchen 1986.

Barth, Hans-Martin: Konfessionslos glücklich, Gütersloh 2013.

Böll, Heinrich: Eine Welt ohne Christus, in: Karlheinz Deschner (Hg.), Was halten Sie vom Christentum?, München [2]1958, 21–24.

Bonhoeffer, Dietrich: Ethik, München [9]1981.

Bonhoeffer, Dietrich: Widerstand und Ergebung, Gütersloh [24]2005.

Dietz, Alexander: Diakonie gestalten zwischen Rechtfertigungslehre und Zwei-Regimenten-Lehre, in: Ders. u. a. (Hg.), Corporate Governance in der Diakonie, Berlin u. a. 2015, 127–146.

Dietz, Alexander: Die Bedeutung der Ausgangsfrage für die Bearbeitung des Theodizeeproblems, in: NZSTh 53 (2011), 285–302.

Dietz, Alexander: »Hartz IV« und Vorurteile aus theologischer Perspektive, in: Ders., Stefan Gillich (Hg.), Armut und Ausgrenzung überwinden, Leipzig 2016, 297–332.

Dietz, Alexander: Roboter in der Altenpflege, in: Pastoraltheologie 103 (2014), 496–517.

Dietz, Alexander: Speziesismus überwinden?, in ZEE 64 (2020), 296–302.

Dietz, Alexander: Tafeln als Herausforderung für theologische Ethik und diakonische Praxis, in: Pastoraltheologie 2013, 60–76.

Dietz, Alexander: Theologische Begründungen der Gemeinwesendiakonie, in: Ders., Hendrik Höver (Hg.), Gemeinwesendiakonie und Unternehmensdiakonie, Berlin 2019, 9–29.

Dietz, Alexander: Ungünstige Rahmenbedingungen für verbandliche Sozialanwaltschaft, in: Ders., Stefan Gillich (Hg.), Barmherzigkeit drängt auf Gerechtigkeit, Leipzig 2013, 109–129.

Eiesland, Nancy: Der behinderte Gott, Würzburg 2018.

Feuerbach, Ludwig: Das Wesen des Christentums, Stuttgart 1984.

Fichtmüller, Matthias: Diakonie ist Kirche, Baden-Baden 2019.

Härle, Wilfried: Dogmatik, Berlin ^{5}2018.

Härle, Wilfried: »... und hätten ihn gern gefunden«, Leipzig 2017.

Härle, Wilfried: Würde: Groß vom Menschen denken, München 2010.

Hofmann, Beate und Barbara Montag (Hg.): Theologie für Diakonie-Unternehmen, Stuttgart 2018.

Luther, Henning: Leben als Fragment, in: Wege zum Menschen 43 (1991), 262–273.

Kern, Bruno: Theologie der Befreiung, Tübingen 2013.

Körtner, Ulrich: Dogmatik, Leipzig 2018.

Körtner, Ulrich: Für die Vernunft, Leipzig 2017.

Marx, Karl: Zur Kritik der Hegelschen Rechtsphilosophie, Stuttgart 1986.

Moser, Tilmann: Gottesvergiftung, Frankfurt a. M. 1976.

Nietzsche, Friedrich: Die fröhliche Wissenschaft, Stuttgart 1965.

Rüegger, Heinz und Sigrist, Christoph: Diakonie - Eine Einführung, Zürich 2011.

Sölle, Dorothee: Atheistisch an Gott glauben, Freiburg i. Br. 1968.

Sölle, Dorothee: Leiden, Stuttgart u. a. 1973.

Strohm, Theodor: Diakonie und Sozialethik, Heidelberg 1993.

Zippert, Thomas: Diakonische Praxis, Leipzig 2020.